Grundriss der Psychologie

Herausgegeben von Bernd Leplow und Maria von Salisch

Begründet von Herbert Selg und Dieter Ulich

Diese Taschenbuchreihe orientiert sich konsequent an den Erfordernissen des Bachelorstudiums, in dem die Grundlagen psychologischen Fachwissens gelegt werden. Jeder Band präsentiert sein Gebiet knapp, übersichtlich und verständlich!

Eine Übersicht aller lieferbaren und im Buchhandel angekündigten Bände der Reihe finden Sie unter:

 https://shop.kohlhammer.de/grundriss-psychologie

Die Autoren

Prof. Mark Stemmler und **Dr. Martin Schmucker**, Lehrstuhl für Psychologische Diagnostik, Methodenlehre und Rechtspsychologie der Friedrich-Alexander-Universität Erlangen-Nürnberg.

Mark Stemmler
Martin Schmucker

Inferenzstatistik

Verlag W. Kohlhammer

Dieses Werk einschließlich aller seiner Teile ist urheberrechtlich geschützt. Jede Verwendung außerhalb der engen Grenzen des Urheberrechts ist ohne Zustimmung des Verlags unzulässig und strafbar. Das gilt insbesondere für Vervielfältigungen, Übersetzungen und für die Einspeicherung und Verarbeitung in elektronischen Systemen.

Pharmakologische Daten verändern sich ständig. Verlag und Autoren tragen dafür Sorge, dass alle gemachten Angaben dem derzeitigen Wissensstand entsprechen. Eine Haftung hierfür kann jedoch nicht übernommen werden. Es empfiehlt sich, die Angaben anhand des Beipackzettels und der entsprechenden Fachinformationen zu überprüfen. Aufgrund der Auswahl häufig angewendeter Arzneimittel besteht kein Anspruch auf Vollständigkeit.

Die Wiedergabe von Warenbezeichnungen, Handelsnamen und sonstigen Kennzeichen berechtigt nicht zu der Annahme, dass diese frei benutzt werden dürfen. Vielmehr kann es sich auch dann um eingetragene Warenzeichen oder sonstige geschützte Kennzeichen handeln, wenn sie nicht eigens als solche gekennzeichnet sind.

Es konnten nicht alle Rechtsinhaber von Abbildungen ermittelt werden. Sollte dem Verlag gegenüber der Nachweis der Rechtsinhaberschaft geführt werden, wird das branchenübliche Honorar nachträglich gezahlt.

Dieses Werk enthält Hinweise/Links zu externen Websites Dritter, auf deren Inhalt der Verlag keinen Einfluss hat und die der Haftung der jeweiligen Seitenanbieter oder -betreiber unterliegen. Zum Zeitpunkt der Verlinkung wurden die externen Websites auf mögliche Rechtsverstöße überprüft und dabei keine Rechtsverletzung festgestellt. Ohne konkrete Hinweise auf eine solche Rechtsverletzung ist eine permanente inhaltliche Kontrolle der verlinkten Seiten nicht zumutbar. Sollten jedoch Rechtsverletzungen bekannt werden, werden die betroffenen externen Links soweit möglich unverzüglich entfernt.

1. Auflage 2025

Alle Rechte vorbehalten
© W. Kohlhammer GmbH, Stuttgart
Gesamtherstellung: W. Kohlhammer GmbH, Heßbrühlstr. 69, 70565 Stuttgart
produktsicherheit@kohlhammer.de

Print:
ISBN 978-3-17-023439-0

E-Book-Formate:
pdf: ISBN 978-3-17-032455-8
epub: ISBN 978-3-17-032456-5

Geleitwort

Erkenntnisse der Psychologie werden täglich in den Medien transportiert. Junge Erwachsene drängeln sich um einen Studienplatz in diesem Fach. Denn die meisten Fragen der Gesellschaft von Morgen sind nicht ohne die Erkenntnisse dieser Wissenschaft des menschlichen »Erlebens und Verhaltens« zu beantworten. Großbaustellen wie der Umgang mit Pandemien und Kriegsereignissen, die Bewältigung von Digitalisierung und Globalisierung oder der gesellschaftliche Umbau in Richtung Nachhaltigkeit lassen sich im Grunde nur mit dem Wissen über die individuellen und sozialen Mechanismen des Verhaltens und Erlebens, der Analyse ihrer Entstehungsbedingungen und der Entwicklung von Veränderungen auf individueller und Gruppenebene sinnvoll bearbeiten. Psychologie ist zugleich – so eine Analyse der Zitiermuster in über 7000 natur- und sozialwissenschaftlichen Fachzeitschriften – eine von sieben »hub sciences«, (in etwa »Schlüsselwissenschaften«), welche die Debatte zur Gewinnung wissenschaftlicher Einsichten bereichert und enge Verbindungen zu einer Vielzahl von Nachbardisziplinen unterhält: Dazu zählen u. a. die Neurowissenschaft mit der Neuropsychopharmakologie, Psychiatrie, Gerontologie und die anderen Gebiete der Medizin ebenso wie die Gesundheitswissenschaft (»Public Health«), Konfliktforschung, die Sozial-, Bildungs-, Kommunikations-, Sport-, Rechts- und Wirtschaftswissenschaften, die Forensik sowie Marktforschung. Oft übersehen, aber nicht weniger von Bedeutung, sind die eher technisch orientierten Fächer wie beispielsweise die Ingenieurs-, Luft- und Raumfahrt-, Verkehrs- und Arbeitspsychologie (mit »Mensch-Maschine-Systemen«/»Human Factors«). Auch die Umwelt- und Architekturpsychologie, Raum- und Stadtplanung sowie die methodischen Anwendungsfelder der Diagnostik, Intervention, Evaluation und

Sozialforschung kommen nicht ohne spezifisch psychologisches Wissen aus. Das Studium der Psychologie erfolgt in Bachelor- und Masterstudiengängen, die auf Modulen basieren. Diese sind in sich abgeschlossen und bauen oft aufeinander auf. Sie sind jeweils mit Lehr- und Lernzielen versehen und spezifizieren, welche Themen und Methoden in ihnen zu behandeln sind. Aus diesen Angaben leiten sich Art, Umfang und Thematik der Modulprüfungen ab. Die Bände der Reihe *Grundriss der Psychologie* orientieren sich stark am Lehrgebiet des Bachelorstudiums Psychologie. Seit Einführung der Bachelor-Masterstudiengänge sind jedoch eine Fülle von eigenständigen Bachelor- und Masterausbildungen mit Psychologiebezug hinzugekommen. Auch für diese Wissensgebiete stellt die Grundrissreihe das notwendige psychologische Basiswissen zur Verfügung.

Da im Bachelorstudium die Grundlagen des psychologischen Fachwissens gelegt werden, ist es uns ein Anliegen, dass sich jeder Band der Reihe *Grundriss der Psychologie* ohne Rückgriff auf Wissen aus anderen Teilgebieten der Psychologie lesen lässt. Jeder Band der Grundrissreihe orientiert sich an einem der Module, welche die Deutsche Gesellschaft für Psychologie (DGPs) für die Psychologieausbildung ausgearbeitet hat. Damit steht den Studierenden ein breites Grundwissen zur Verfügung, welches die wichtigsten Gebiete aus dem vielfältigen Spektrum der Psychologie verlässlich abdeckt. Dieses ermöglicht den Übergang u. a. auf den darauf aufbauenden Masterstudiengang der Psychologie und den neuen »Psychotherapiemaster«.

Zugleich können Angehörige anderer Berufe, in denen menschliches Verhalten und Erleben Entscheidungsabläufe beeinflusst, von einem fundierten Grundwissen in Psychologie profitieren. Neben Tätigkeiten in den bereits genannten Gebieten betrifft das eine vom Fachjournalismus und allen Medienberufen über den Erziehungs- und Gesundheitsbereich, die Wirtschaft, Produktgestaltung und das Marketing bis hin zu den Angehörigen des Justizsystems, der Polizei und des Militärs, allen Managementfunktionen und Führungskräften der Politik reichende Bandbreite. Bei ethisch vertretbarer Anwendung stellt die wissenschaftliche Psychologie mithin Methoden und Erkenntnisse zur Verfügung, über die sich gesellschaftliche Entwicklungen positiv verändern lassen. Damit kann in einer enormen Zahl auch nicht-klassisch psychologischer Studiengänge und Anwendungsfelder vom Wissen eines Bachelors in Psychologie profitiert werden. Deshalb auch sind die einzelnen Bände so gestaltet, dass sie psychologisches Grundlagenwissen voraussetzungsfrei vermitteln.

So wünschen wir den Leserinnen und Lesern dieser Bände der Reihe *Grundriss der Psychologie* vielfältige Einsichten und Erfolge in der praktischen Umsetzung psychologischen Wissens!

Maria von Salisch
Bernd Leplow

Inhalt

Geleitwort 5

Vorwort 13

1 **Grundlagen der Inferenzstatistik** 17
   1.1   Ziel der Inferenzstatistik 17
   1.2   Stichprobe und Grundgesamtheit 18
       1.2.1   Stichprobenkennwerte und Populationsparameter 19
   1.3   Stichprobenkennwerteverteilung 20
       1.3.1   Standardfehler des Mittelwerts 22
       1.3.2   Besondere Stichprobenkonstellationen ... 24
   1.4   Zentrales Grenzwerttheorem 27

2 **Parameterschätzung** 30
   2.1   Methoden und Kriterien der Parameterschätzung .. 30
   2.2   Intervallschätzung 32
       2.2.1   Konfidenzintervall des Mittelwerts 33
       2.2.2   Konfidenzintervalle bei unbekannter Populationsvarianz 39
       2.2.3   Konfidenzintervalle für Prozentwerte 42

3 **Grundlagen der statistischen Hypothesenprüfung** 44
   3.1   Hypothesen 44
       3.1.1   Nullhypothese – Alternativhypothese 45
       3.1.2   Fehler 1. und 2. Art 48

3.2	Das Prinzip der Nullhypothesenprüfung	49
3.2.1	Irrtumswahrscheinlichkeit	50
3.2.2	Signifikanzniveau	53
3.2.3	Ein- und zweiseitige Fragestellung	58
3.3	α-Fehler, β-Fehler, Teststärke	62
3.3.1	Signifikanz und Wahrheit	62
3.3.2	Statistische vs. praktische Signifikanz	62
3.3.3	α-Fehler und β-Fehler	64
3.3.4	Teststärke	67
3.3.5	Optimale Stichprobengröße	72

4 Prüfung von Unterschiedshypothesen **75**
4.1 Prüfung von Mittelwertunterschieden: t-Tests 76
    4.1.1 Ein-Stichproben-t-Test 76
    4.1.2 t-Test für unabhängige Stichproben 80
    4.1.3 t-Test für abhängige Stichproben 87
4.2 Überprüfung der Varianzhomogenität 92
    4.2.1 F-Test 92
    4.2.2 Levene-Test 95
4.3 Kolmogorov-Smirnov-Anpassungstest (KSA-Test) ... 98
4.4 Vergleich der zentralen Tendenz bei ordinalskalierten Daten 102
    4.4.1 Mann-Whitney-U-Test (Vergleich zweier unabhängiger Stichproben) 102
    4.4.2 Wilcoxon-Test (Vergleich zweier abhängiger Stichproben) 111
4.5 Prüfung von Häufigkeitsdaten: χ^2-Verfahren 116
    4.5.1 Eindimensionaler χ^2-Test 116
    4.5.2 4-Felder-χ^2-Test 121
    4.5.3 Der k·l-χ^2-Test 125
    4.5.4 Zweimalige Messung: McNemar-Test 128

5 Varianzanalytische Methoden **131**
5.1 Einfaktorielle Varianzanalyse 131
    5.1.1 α-Fehler-Kumulation 132
    5.1.2 Grundprinzip und Durchführung 134

5.1.3		Einzelvergleiche	142
5.2		Weitere Varianten der Varianzanalyse	149
	5.2.1	Zweifaktorielle Varianzanalyse	150
	5.2.2	Varianzanalyse mit Messwiederholungsfaktor	152
	5.2.3	Kovarianzanalyse	153

6 Prüfung von Zusammenhangshypothesen ... 155

6.1		Statistische Absicherung der linearen Regression ...	155
	6.1.1	Lineare Regression	157
	6.1.2	Populationsregressionsgleichung und Standardschätzfehler	159
	6.1.3	Konfidenzintervall der Regressionsvorhersage	160
	6.1.4	Konfidenzintervall des Steigungskoeffizienten	162
	6.1.5	Voraussetzungen	163
6.2		Produkt-Moment-Korrelation: Prüfung des linearen Zusammenhangs zweier Variablen	164
	6.2.1	Statistische Absicherung der Produkt-Moment-Korrelation	164
	6.2.2	Fisher Z-Transformation	166
	6.2.3	Bestimmung eines Konfidenzintervalls	169
	6.2.4	Statistische Absicherung der Korrelation gegen Nullhypothesen mit $\rho_0 \neq 0$	171
	6.2.5	Vergleich von zwei Korrelationen aus unabhängigen Stichproben	172
6.3		Spezielle Korrelationskoeffizienten	175
	6.3.1	Varianten der Produkt-Moment-Korrelation: Punktbiseriale Korrelation und Rangkorrelation nach Spearman	176
	6.3.2	Phi-Koeffizient (Φ)	176
	6.3.3	Biseriale Rangkorrelation	178

7 Literatur ... 179

Inhalt

Anhang **181**
Übersicht Tabellen 181
  Tabelle A Verteilungsfunktion der
          Standardnormalverteilung 181
  Tabelle B Verteilungsfunktion der t-Verteilungen .. 181
  Tabelle C F-Verteilung, Flächenanteil 0,90 181
  Tabelle C F-Verteilung, Flächenanteil 0,95 181
  Tabelle C F-Verteilung, Flächenanteil 0,99 181
  Tabelle D Kritische Werte für U für den
          Mann-Whitney-Test: Einseitige Testung
          für $\alpha = 0{,}01$ und zweiseitige Testung für
          $\alpha = 0{,}02$ 181
  Tabelle D Kritische Werte für U für den
          Mann-Whitney-Test: Einseitige Testung
          für $\alpha = 0{,}025$ und zweiseitige Testung
          für $\alpha = 0{,}05$ 181
  Tabelle D Kritische Werte für U für den
          Mann-Whitney-Test: Einseitige Testung
          für $\alpha = 0{,}01$ und zweiseitige Testung für
          $\alpha = 0{,}02$ 181
  Tabelle D Kritische Werte für U für den
          Mann-Whitney-Test: Einseitige Testung
          für $\alpha = 0{,}005$ und zweiseitige Testung
          für $\alpha = 0{,}01$ 182
  Tabelle E Kritische Werte für den Wilcoxon-Test ... 182
  Tabelle F χ^2-Verteilung 182
  Tabelle G Fisher Z-Transformation 182
  Tabelle H Lilliefors-Schranken 182

Stichwortverzeichnis **201**

Vorwort

Dieses Buch zur Inferenzstatistik orientiert sich an den Zielen der Kohlhammer-Reihe *Grundriss der Psychologie*, welche sich wiederum an den Modulen im Bachelor-Studium der Psychologie orientiert, wie sie von der Deutschen Gesellschaft für Psychologie (DGPs) im Jahr 2005 für die Neugestaltung der Psychologieausbildung vorgeschlagen wurden. Die Inferenzstatistik wird an den deutschsprachigen Hochschulen im Psychologiestudium typischerweise nach einer Einführung in die deskriptive Statistik und Wahrscheinlichkeitstheorie behandelt, meist als »Statistik II« im zweiten Fachsemester des Bachelorstudiums. Auf diese Inhalte und dieses Niveau ist dieses Lehrbuch ausgerichtet. Der Inhalt ist auch für Nebenfach-Studierende beispielsweise der Pädagogik, Politikwissenschaft und Soziologie attraktiv.

Im Gegensatz zu einem Lehrbuch über die beschreibende oder *deskriptive Statistik*, bei dem man lernt wie man Stichproben und deren Kennwerte korrekt darstellt, werden in der *Inferenzstatistik* Verfahren behandelt, die Aussagen über die hinter der Stichprobe stehenden Grundgesamtheit ermöglichen sollen, sei es, dass Populationsparameter geschätzt werden oder Hypothesen überprüft werden. Im gesamten Buch geht es darum, von den Befunden oder Verhältnissen in einer Stichprobe auf die Verhältnisse in der Grundgesamtheit zu schließen (daher der Name *schließende* bzw. *Inferenz-* oder *induktive Statistik*).

Die beiden Autoren haben langjährige Erfahrungen in der Lehre von Psychologie-Studierenden (auf dem Bachelor- und Master-Level). Der Inhalt und Aufbau orientiert sich genau am Lernniveau der Bachelor-Studierenden. Die Inhalte dieses Buches wurden mit dem Ziel erarbeitet, zugleich interessant sowie leicht verständlich zu sein. Jedes Kapitel enthält eine Reihe von hilfreichen didaktischen Elementen, die auch zum Selbststudium geeignet sind. Statistische Begriffe werden in kurzen Erklär-Kästchen anschaulich eingeführt bzw. definiert. Alle statistischen Tests oder Verfahren werden anhand von einfachen Rechenbeispielen, die mit dem Taschenrechner nachvollzogen werden können, erklärt und beschrieben.

Kapitel 1 behandelt die Grundlagen der Inferenzstatistik. Zunächst geht es um die wichtige Unterscheidung zwischen Stichprobe und Grundgesamtheit (auch Population genannt). Danach werden einige grundlegende Überlegungen eingeführt, wie man mit Hilfe von wahrscheinlichkeitstheoretischen Überlegungen von der Stichprobe auf die Grundgesamtheit schließt. Dazu gehören wichtige Begriffe wie Stichprobenkennwerteverteilung und Standardfehler, die in diesem Kapitel eingeführt werden.

Kapitel 2 behandelt die Methoden und Kriterien der Schätzung von Bedingungen in der Grundgesamtheit (d.h. der Schätzung von Parametern). Hier steht die Intervallschätzung im Vordergrund.

Die Beschreibung der Grundlagen der statistischen Hypothesenprüfung erfolgt im dritten Kapitel. Dazu gehören die Erstellung und Prüfung von (einseitigen oder zweiseitigen) Null- und Alternativhypothesen, die Fehler 1. und 2. Art sowie das Signifikanzniveau und die Irrtumswahrscheinlichkeit. Ferner geht es in diesem Kapitel um die wichtige Unterscheidung zwischen Signifikanz und Wahrheit sowie um Teststärke und die optimale Stichprobengröße.

Das »Hypothesentesten«, beginnt ab dem vierten Kapitel. Dieses beschäftigt sich mit der Prüfung von Unterschiedshypothesen. Hier werden systematisch und »rezeptbuchartig« parametrische und nonparametrische Verfahren zur Prüfung von Mittelwerten, Varianzen und Häufigkeitsverteilungen vorgestellt. Es kommen verschiedene t-Tests zur Sprache (für unabhängige und abhängige Stichproben). Daneben werden Verfahren für ordinalskalierte Variablen eingeführt (Mann-Whitney-U-Test, Wilcoxon-Test), Testverfahren zur Prüfung von Verteilungsvoraussetzungen sowie χ^2-Verfahren zur Analyse von Häufigkeiten betrachtet. Die Analyse von Mittelwerten wird im anschließenden Kapitel 5 zur Varianzanalyse auf Situationen mit mehr als zwei Stichproben verallgemeinert und es werden die wichtigsten Varianten vorgestellt (z.B. querschnittliche Varianzanalysen und Varianzanalysen mit Messwiederholung).

Im abschließenden Kapitel 6 wird auf die Prüfung von Zusammenhangshypothesen mit Schwerpunkt auf die statistische Absicherung der linearen Regression und der Produkt-Moment-Korrelation eingegangen.

So ergibt sich ein breites Fundament an inferenzstatistischen Grundlagen sowie spezifischen Anwendungsfällen. Diese sollen zum Ersten den sicheren Umgang mit häufig auftretenden statistischen Fragestellungen ermöglichen. Zum Zweiten soll damit eine Basis geschaffen werden, um sich auch weitergehende inferenzstatistische Verfahren schnell aneignen zu können.

Uns ist bewusst, dass wahrscheinlich viele Studierende das Fach Psychologie nicht wegen, sondern trotz der Statistik wählen. Dennoch hoffen wir, dass Sie nicht nur die Vorgehensweisen der Inferenzstatistik verstehen und anzuwenden lernen, sondern dass ein oder andere Mal (vielleicht mit Überraschung) feststellen, dass es Ihnen Spaß macht und Ihr Interesse angeregt wurde. Wir wünschen Ihnen an dieser Stelle von ganzem Herzen viel Erfolg im Studium, möge dieses Buch signifikant dazu beitragen!

An dieser Stelle möchten wir unseren Dank an den Kohlhammer Verlag aussprechen, für dessen große Geduld und Unterstützung. Großen Dank auch an Harry Schneider von *rsr-design* in Guntersblum am Rhein für die Gestaltung der Abbildungen und Tabellen sowie unseren Statistiktutoren Mariele Dienesch und David Roth für ihre Anmerkungen zum Manuskript.

Mark Stemmler und Martin Schmucker, Erlangen im Winter 2024/25

1 Grundlagen der Inferenzstatistik

1.1 Ziel der Inferenzstatistik

> **Lernziele**
>
> Die grundlegende Problemstellung der Inferenzstatistik ist, von Daten, die an Stichproben gewonnen wurden, auf die Gegebenheiten in der Grundgesamtheit zu schließen (daher auch *schließende Statistik*). Die Stichprobe stellt einen möglichst repräsentativen Ausschnitt der Grundgesamtheit dar. Sie spiegelt die Gegebenheiten der Grundgesamtheit aber nicht exakt wider, sondern fehlerbelastet (*Stichprobenfehler*). Mittels der Inferenzstatistik lässt sich abschätzen, wie gut auf Basis der Stichprobe auf die Grundgesamtheit geschlossen werden kann.

Mit den Methoden der deskriptiven Statistik werden empirische Daten, die an Stichproben gewonnen wurden, durch zusammenfassende Kennwerte, grafische oder tabellarische Darstellungen beschrieben. Auf diese Weise können Verteilungseigenschaften von umfangreichen Einzeldaten ökonomisch und leicht fassbar dargestellt werden.

In der Wissenschaft geht es aber meist darum, allgemeingültige Aussagen zu treffen. Das heißt, dass das eigentliche Ziel nicht darin besteht, die Stichprobe darzustellen, sondern auf Basis der Stichprobendaten Aussagen zu treffen, die über diese hinausgehen: Es geht darum, die Stichprobenergebnisse auf die Grundgesamtheit zu verallgemeinern. Man spricht daher im Gegensatz zur beschreibenden oder deskriptiven Statistik auch von der schließenden Statistik oder Inferenzstatistik, da auf Basis einer relativ kleinen Menge von Untersuchungseinheiten (Stichprobe) auf alle potentiellen Untersuchungseinheiten (Grundgesamtheit) geschlossen werden soll.

1.2 Stichprobe und Grundgesamtheit

Definition: Grundgesamtheit und Stichprobe

Unter der *Grundgesamtheit* (auch: Population) versteht man die Gesamtmenge aller potentiellen Untersuchungseinheiten. Eine *Stichprobe* ist ein Ausschnitt aus der Grundgesamtheit. Bei der Stichprobenziehung werden nach bestimmten Methoden aus der Population Untersuchungseinheiten ausgewählt, die im Rahmen der Datenerhebung tatsächlich untersucht werden und die Population möglichst gut repräsentieren sollen.

Je nachdem über welche Grundgesamtheit man Aussagen treffen will, kann diese breiter (z. B. alle Menschen) oder enger definiert sein (z. B. alle in Deutschland lebenden Menschen oder alle Psychologiestudierenden an deutschen Hochschulen).

In aller Regel ist die Population zu groß, um sie vollständig zu untersuchen. Es wäre z. B. unrealistisch, alle in Deutschland lebenden Menschen untersuchen zu wollen (selbst wenn man nur eine Minute pro Person bräuchte, wäre man damit fast 150 Jahre beschäftigt – und zwar 24 h/Tag, 7 Tage/Woche, ohne zu schlafen oder Pausen zu machen). Stattdessen untersucht man lediglich einen Teil der Grundgesamtheit, eine sogenannte Stichprobe.

1.2.1 Stichprobenkennwerte und Populationsparameter

Stichprobendaten lassen sich mit Hilfe von Stichprobenkennwerten darstellen. So gibt das arithmetische Mittel ($\bar{x}$) den durchschnittlichen Wert einer Variablen über alle Untersuchungsteilnehmer an. In gleicher Weise gibt es auch in der Population einen Durchschnittswert (μ; ausgesprochen: »mü«). Um statistische Kennwerte, die sich auf eine Stichprobe beziehen, und statistische Parameter, die sich auf die Grundgesamtheit beziehen, schnell unterscheiden zu können, kennzeichnet man diese bei Stichproben mit lateinischen Buchstaben. Wenn es dagegen um die Beschreibung von Grundgesamtheiten geht, zieht man griechische Buchstaben heran (▶ Tab. 1.1).

Tab. 1.1: Abkürzungen für Stichprobenkennwerte und Populationsparameter

	Stichprobenkennwert	Populationsparameter
Arithmetischer Mittelwert	$\bar{x}$	μ
Varianz	s^2	σ^2
Korrelation	r	ρ
Wahrscheinlichkeit	p	π

Wenn nun das Ziel der Inferenzstatistik darin besteht, mittels Stichprobendaten auf die Grundgesamtheit zu schließen, so liegt es nahe, die Stichprobenkennwerte zu nutzen, um auf die Populationsparameter zu schließen. Und genau dies tut man auch. Je besser die Stichprobe die zugrundeliegende Population abbildet, desto exakter lassen sich über die Stichprobenkennwerte die Populationsparameter abschätzen. Aber die Stichprobendaten sind nie ein exaktes Abbild der Population. Man muss immer damit rechnen, dass sie mehr oder weniger fehlerbehaftet sind. Daraus ergibt sich auch, dass Stichprobenkennwerte die jeweiligen Populationsparameter nicht exakt abbilden, sondern mehr oder weniger stark davon abweichen können. Sie können das leicht selbst ausprobieren:

1 Grundlagen der Inferenzstatistik

> **Experiment zur Ungenauigkeit von Stichprobendaten**
>
> Das arithmetische Mittel der Population aller Würfelwürfe beträgt μ = 3,5 (da die theoretische Verteilung von Würfelwürfen bekannt ist, ist auch der Populationsparameter bekannt). Wenn Sie nun anhand von Stichprobendaten μ abschätzen wollen, können Sie z. B. 10-mal würfeln. Sie haben damit eine Stichprobe von n = 10 Würfelwürfen generiert. Bestimmen Sie den arithmetischen Mittelwert der 10 gewürfelten Augenzahlen. Vermutlich werden Sie feststellen, dass dieser Stichprobenmittelwert nicht exakt $\bar{x}$ = 3,5 ist. Vermutlich werden Sie aber auch feststellen, dass er in der Nähe von 3,5 liegt. Führen Sie das Experiment noch einmal durch. Wieder wird der Mittelwert mehr oder weniger nahe an 3,5 liegen, aber vermutlich nicht exakt 3,5 betragen. Sie können dieses Experiment beliebig häufig wiederholen und werden feststellen, dass sich die Mittelwerte der einzelnen Stichprobenziehungen jeweils mehr oder weniger stark vom Populationsparameter μ = 3,5 und auch voneinander unterscheiden. Sie werden aber auch feststellen, dass die Ergebnisse in der Regel recht nahe bei 3,5 liegen und größere Abweichungen selten sind.

1.3 Stichprobenkennwerteverteilung

Wenn man das Würfelexperiment mit 10 Würfelwürfen und anschließender Bestimmung des arithmetischen Mittelwertes sehr häufig wiederholt, resultiert eine Verteilung der Mittelwerte, die sich um den Erwartungswert von μ = 3,5 verteilen wird (▶ Abb. 1.1).

Man könnte das Beispiel auch mit anderen Kennwerten wiederholen (z. B. könnte man die Standardabweichungen bestimmen etc.). Eines würde immer gleichbleiben: Die resultierenden Kennwerte schwanken mehr oder weniger stark um den »wahren« Wert in der Population, den

1.3 Stichprobenkennwerteverteilung

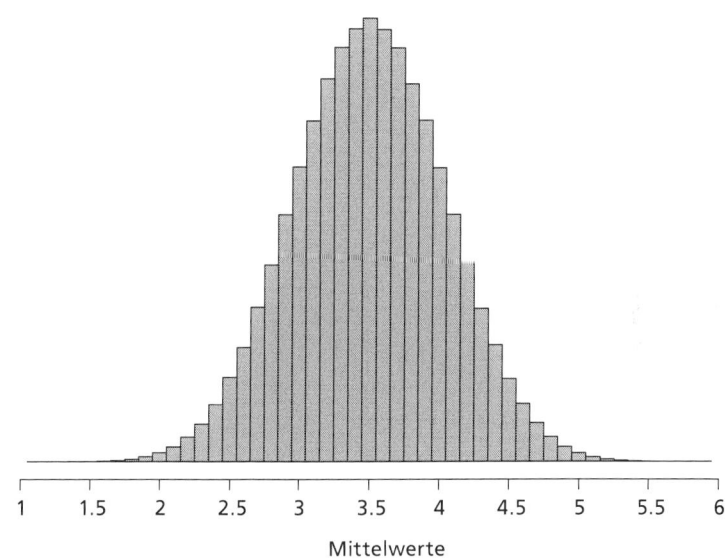

Abb. 1.1: Verteilung der Mittelwerte bei $n = 10$ Würfelwürfen

Populationsparameter. Die resultierende Verteilung bezeichnen wir als Stichprobenkennwerteverteilung (oft auch verkürzt: Stichprobenverteilung; englisch: sampling distribution). Je größer die Schwankungen sind, desto ungenauer ist die Schätzung des Populationsparameters durch den Stichprobenkennwert und desto vorsichtiger müssen wir sein, wenn wir auf Basis der Stichprobendaten Aussagen über die Grundgesamtheit treffen wollen. Es wäre hilfreich, wenn wir angeben könnten, wie ungenau unsere Aussagen über die Population sind, d. h., wie groß die Schwankungen der Stichprobenkennwerteverteilung sind. Ein Kennwert, der bereits aus der deskriptiven Statistik bekannt ist, um die Schwankungen der Einzelwerte auszudrücken, ist die Standardabweichung. In äquivalenter Weise können die Schwankungen der Stichprobenkennwerte durch die Standardabweichung der Stichprobenkennwerteverteilung quantifiziert werden. Da es sich um einen besonderen Fall handelt, hat die Standardabweichung der Stichprobenkennwerteverteilung einen besonderen Namen: Sie wird als Standardfehler bezeichnet.

1 Grundlagen der Inferenzstatistik

> **Definition: Standardfehler**
>
> Der Standardfehler (englisch: standard error [SE]) ist die Standardabweichung der Kennwerteverteilung von gleichgroßen Zufallsstichproben einer Grundgesamtheit.

1.3.1 Standardfehler des Mittelwerts

Ein in der empirischen Forschung sehr häufiger Anwendungsfall betrifft Aussagen über den Mittelwert einer Variablen (Populationsparameter µ). Der Stichprobenmittelwert ist ein erwartungstreuer Schätzer des Populationsparameters µ (▶ Kap. 2) µ. Wie im Beispiel mit den 10 Würfelwürfen gesehen, verschätzt der Stichprobenmittelwert den Populationsparameter mehr oder weniger stark und es ergeben sich Schwankungen, so dass sich als Stichprobenkennwerteverteilung die Verteilung der Mittelwerte ergibt. Diese Variabilität der Mittelwerte wird durch den Standardfehler des Mittelwerts ($\sigma_{\bar{x}}$) ausgedrückt. Dieser bestimmt sich auf einfache Weise als:

$$\sigma_{\bar{x}} = \sqrt{\frac{\sigma^2}{n}} = \frac{\sigma}{\sqrt{n}}$$

Wie groß der Standardfehler des Mittelwertes ist, hängt also lediglich von zwei Faktoren ab: der Varianz des Merkmals in der Population (σ^2) sowie der Größe der Stichprobe n:

- Je stärker das Merkmal in der Population variiert, desto eher kommt es auch beim Stichprobenmittelwert zu stärkeren Abweichungen vom Populationsparameter μ und vice versa. Lassen Sie uns als Extrembeispiel davon ausgehen, dass ein Merkmal in der Population überhaupt nicht variiert, dann würde auch ein Standardfehler von $\sigma_{\bar{x}} = 0$ resultieren, d. h., auch die Stichprobenmittelwerte wären bei jeder Stichprobe identisch (und würden exakt μ widerspiegeln).

- Je größer die Stichprobe ist, an der man den Stichprobenmittelwert ermittelt hat, desto kleiner ist der Standardfehler und vice versa. Im

1.3 Stichprobenkennwerteverteilung

theoretischen Fall einer unendlich großen Stichprobe geht der Standardfehler daher gegen 0. Realistischer gedacht: Je größer die Stichprobe ist, desto genauer sind die Aussagen, die man aus den Stichprobendaten in Bezug auf die Populationsverhältnisse treffen kann. Große Stichproben sind also in der Inferenzstatistik hilfreich, da sie bessere Schätzungen ermöglichen.

IQ-Werte sind so normiert, dass sie in der Normalbevölkerung einen Mittelwert von $\bar{x} = 100$ und eine Streuung von $\sigma = 15$ haben.[1] Bei einer Stichprobenerhebung mit $n = 50$ würde sich demnach eine Stichprobenkennwerteverteilung des Mittelwerts mit einem Standardfehler von $\sigma_{\bar{x}} = 15/\sqrt{50} = 2{,}12$ ergeben.

Ein Problem bei der praktischen Bestimmung des Standardfehlers liegt darin, dass die dafür benötigte Populationsvarianz σ^2 in der Regel gar nicht bekannt ist. Dementsprechend muss die Varianz und in der Folge der Standardfehler aus den Stichprobendaten geschätzt werden. Um zu verdeutlichen, dass es sich hier um einen geschätzten Standardfehler handelt, bezeichnet man ihn mit dem lateinischen Buchstaben. Die Bestimmung erfolgt auf der Basis der Stichprobenvarianz $[s^2 = \sum_{i=1}^{n}(x_i - \bar{x})^2/(n-1)]$. Die so bestimmte Stichprobenvarianz ist wiederum ein erwartungstreuer Schätzer der Populationsvarianz, so dass sich für den Standardfehler des Mittelwerts ergibt:

$$s_{\bar{x}} = \sqrt{\frac{s^2}{n}}$$

---

[1] Kleine Anekdote nebenbei: David Wechsler, der Erfinder des modernen IQs, wählte übrigens eine Streuung von 15, weil er wollte, dass zwischen einem IQ von 90 und 110 genau 50 % der Menschen liegen, die man dann als durchschnittlich intelligent bezeichnen könnte.

1 Grundlagen der Inferenzstatistik

Datenbeispiel

In einer Untersuchung mit einer Stichprobe der Größe $n = 30$ ergibt sich eine Varianz von $s^2 = 100$. Somit ergibt sich für den geschätzten Standardfehler: $s_{\bar{x}} = \sqrt{s^2/n} = \sqrt{100/30} = 1{,}83$

1.3.2 Besondere Stichprobenkonstellationen

Die dargestellte Bestimmung des Standardfehlers bezieht sich auf den »Normalfall«, dass eine Zufallsstichprobe aus einer (theoretisch unendlich) großen Grundgesamtheit gezogen wurde. Es gibt Stichprobenkonstellationen, bei denen die Repräsentativität erhöht ist, sei es, weil die Grundgesamtheit im Vergleich zur Stichprobengröße relativ klein ist (finite Grundgesamtheit) oder bestimmte Strategien bei der Stichprobenziehung angewendet wurden, um die Repräsentativität zu verbessern, z. B. die Ziehung einer geschichteten Stichprobe. Auf diese beiden Sonderfälle soll im Folgenden eingegangen werden, da der Standardfehler in diesen Konstellationen gegenüber einer »normalen« Zufallsstichprobe geringer ausfällt.

Finite Grundgesamtheiten

Wenn die Grundgesamtheit in ihrer Größe (N) beschränkt ist, so ergibt sich die Situation, dass eine Stichprobenerhebung mit der Größe n nahe an eine Vollerhebung kommen kann. Das hat zur Folge, dass Stichproben, die von der Population extrem abweichen, unwahrscheinlicher werden. Dies kann bei der Bestimmung des Standardfehlers Berücksichtigung finden, indem eine sogenannte Endlichkeitskorrektur vorgenommen wird:

$$s_{\bar{x}_f} = \sqrt{\frac{s^2}{n} \cdot \frac{N-n}{N-1}}$$

1.3 Stichprobenkennwerteverteilung

> **Beispiel**
>
> Wenn im vorherigen Beispiel ($n = 30$; $s^2 = 100$) die Stichprobenziehung aus einer relativ kleinen Gesamtpopulation (z. B. $N = 425$) gezogen worden wäre, so könnte dies bei der Bestimmung des Standardfehlers berücksichtigt werden:
>
> $$s_{\bar{x}_f} = \sqrt{\frac{s^2}{n} \cdot \frac{N-n}{N-1}} = \sqrt{\frac{100}{30} \cdot \frac{425-30}{424}} = 1{,}76$$

Man sieht, dass der Standardfehler sichtbar niedriger ausfällt. Die Endlichkeitskorrektur fällt aber nur ins Gewicht, wenn die Population relativ klein ist bzw. die Stichprobengröße der Gesamtpopulation relativ nahekommt. Als Faustregel lässt sich sagen, dass man bei $N/n > 100$ darauf verzichten kann und stattdessen den unkorrigierten Standardfehler bestimmt.

Geschichtete Stichproben

Wenn man die Grundgesamtheit in verschiedene Teilmengen aufteilt (z. B. die Bewohner der BRD nach den Bundesländern oder Studierende nach den Studienfächern etc.) und nun in den jeweiligen Schichten getrennt Stichproben zieht, deren Größe den Anteil in der Grundgesamtheit widerspiegelt, dann spricht man von einer *geschichteten Stichprobe*. Der Vorteil einer geschichteten Stichprobe gegenüber einer einfachen Zufallsstichprobe ist, dass die Repräsentativität der Stichprobe steigt, weil sichergestellt ist, dass die Stichprobe in Bezug auf die Schichtungsvariable exakt der Population entspricht. Kennwerte einer sinnvoll geschichteten Stichprobe liefern deswegen bessere Schätzwerte als ungeschichtete Stichproben und dies kann man bei der Bestimmung des Standardfehlers berücksichtigen. Die entsprechende Formel lautet:

$$s_{\bar{x}_g} = \sqrt{\frac{s^2 - s^2_{\bar{x}(m)}}{n}}$$

Dabei wird die Variabilität des erfassten Merkmals, die die Fehleranfälligkeit bei der Stichprobenziehung bedingt (s^2), um den Anteil reduziert, der sich über die Unterschiedlichkeit in den Stufen der Schichtungsvariablen ergeben würde ($s^2_{\bar{x}(m)}$, weil diese ja korrekt (und fehlerfrei) repräsentiert ist). Bei $s^2_{\bar{x}(m)}$ handelt es sich um die Varianz der Mittelwerte über die verschiedenen Schichten:

$$s^2_{\bar{x}(m)} = \frac{1}{n} \cdot \left[\sum_{m=1}^{k} n_m \cdot (\bar{x}_m - \bar{x})^2 \right]$$

Beispiel

Um die Zufriedenheit mit dem öffentlichen Nahverkehr in der Bevölkerung abzuschätzen, wurde eine Stichprobe von $N = 622$ in Deutschland lebenden Personen befragt. Auf einer Skala von 1 (sehr unzufrieden) bis 7 (sehr zufrieden) ergab sich ein Mittelwert von $\bar{x} = 3{,}76$ ($s = 1{,}56$). Bei der Stichprobenziehung wurde nach Stadt- und Landbevölkerung unterschieden und eine geschichtete Stichprobe gezogen:

$n_{Stadt} = 325; \bar{x}_{Stadt} = 4{,}21$
$n_{Land} = 97; \bar{x}_{Land} = 2{,}24$

Als Standardfehler des (Gesamt-)Mittelwerts würde sich nun nicht der einfache Standardfehler ergeben (das wäre: $s_{\bar{x}} = 1{,}56/\sqrt{422} = 0{,}08$). Stattdessen kann, und sollte, die Stratifizierung berücksichtigt werden. Die Unterschiedlichkeit in der Zufriedenheit, die auf die Gruppenunterschiede zwischen Stadt- und Landbevölkerung zurückgeht, beträgt:

$$s^2_{\bar{x}(m)} = \frac{1}{422} \cdot \left[325 \cdot (4{,}21 - 3{,}76)^2 + 97 \cdot (2{,}24 - 3{,}76)^2 \right] = 0{,}69$$

Die verbleibende Fehlervarianz beträgt daher nur noch:

$$s_{\bar{x}_g} = \sqrt{\frac{s^2 - s^2_{\bar{x}(m)}}{n}} = \sqrt{\frac{1{,}56^2 - 0{,}69}{422}} = 0{,}06$$

Der Standardfehler für geschichtete Stichproben liegt in diesem Fall sichtbar niedriger als der unkorrigierte Standardfehler des Mittelwertes. Die Berücksichtigung der Stadt- vs. Landbevölkerung in Bezug hat die Ungenauigkeit unserer Schätzung des Mittelwertes also reduziert.

1.4 Zentrales Grenzwerttheorem

Mit dem Standardfehler haben wir ein Maß für die Ungenauigkeit der Stichprobenergebnisse bei der Abschätzung der Populationsparameter kennengelernt. Er repräsentiert die Streuung der Stichprobenkennwerte wie sie in der Kennwerteverteilung sichtbar wird. Um eine noch genauere Abschätzung der Ungenauigkeit zu ermöglichen, wäre es hilfreich, auch die Form dieser Kennwerteverteilung zu kennen. Das ist nicht immer ohne weiteres möglich. Für den Mittelwert aber finden wir in vielen Fällen eine recht angenehme Situation vor: Wenn die Populationsverteilung selbst normalverteilt ist, so gilt das auch für die Verteilung der Mittelwerte. Aber selbst bei nicht normalverteilten Variablen nähert sich die Verteilung der Mittelwerte mit steigender Stichprobengröße an eine Normalverteilung an. Dieser Umstand wird durch das zentrale Grenzwerttheorem beschrieben.

> **Definition: Zentrales Grenzwerttheorem**
>
> Die Verteilung von Mittelwerten aus Stichproben des Umfangs n, die derselben Grundgesamtheit entnommen wurden, geht mit zunehmender Stichprobengröße in eine Normalverteilung über.

Die Aussage des zentralen Grenzwerttheorems ist von hoher Relevanz, denn das bedeutet, dass wir wissen, dass sich Mittelwerte normal verteilen, egal, wie sich die Rohwerte in der Grundgesamtheit verteilen. Die einzige

1 Grundlagen der Inferenzstatistik

Voraussetzung ist eine hinreichend große Stichprobe. Als Faustregel kann man hier eine Stichprobengröße von $n \geq 30$ anlegen. Man hatte dies bereits in Abbildung 1.1 zum Würfelbeispiel sehen können: Bei der Populationsverteilung der Würfelergebnisse handelt es sich um eine Gleichverteilung (jeder Rohwert, also jede Augenzahl des Würfels, hat die gleiche Auftretenswahrscheinlichkeit von $p = 1/6$). Und doch liegt die Verteilung der Mittelwerte schon bei nur $n = 10$ recht nahe an einer Normalverteilung. Sie ist noch ein wenig breitgipfliger, aber mit steigender Stichprobengröße nähert sie sich sukzessive weiter an und ist in der Tat ab $n = 30$ kaum mehr von einer echten Normalverteilung zu unterscheiden.

Auf Basis der Normalverteilung lassen sich dann recht genaue Aussagen über mögliche Fehler machen bzw. Vermutungen darüber anstellen, in welchen Bereichen bestimmte Stichprobenwerte erwartungskonform wären. So liegen beispielsweise ca. 68,2% der Werte innerhalb des Bereichs, der die beiden Wendepunkte der Normalverteilung markiert ($\mu \pm \sigma$) und im Bereich $\mu \pm 2\sigma$ liegen 95,4% der Werte (▶ Abb. 1.2).

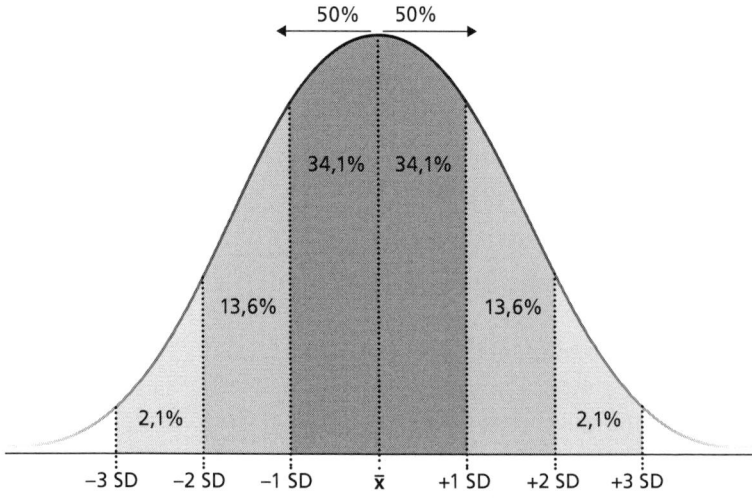

Abb. 1.2: Einteilung der Flächen unterhalb der Normalverteilungskurve anhand der Standardabweichungen (SD)

1.4 Zentrales Grenzwerttheorem

Wir werden darauf in den folgenden Kapiteln noch umfangreich zurückgreifen, aber auch eine Reihe von Verteilungen kennenlernen, mit denen in anders gelagerten Situationen und für andere Stichprobenkennwerte vergleichbare Aussagen getroffen werden können.

2 Parameterschätzung

2.1 Methoden und Kriterien der Parameterschätzung

Lernziele

Statistische Kennwerte (wie z.B. Mittelwert, Streuung) werden nicht nur zur Beschreibung von Merkmalsverteilungen in den Stichproben benötigt, sondern auch zur Schätzung von statistischen Parametern in Grundgesamtheiten. In diesem Kapitel werden die Kriterien zur Parameterschätzung vorgestellt, d.h., nach welchen Kriterien entscheiden wir, ob ein statistischer Kennwert ein guter bzw. brauchbarer Schätzer ist. Es werden die Kriterien *Erwartungstreue*, *Konsistenz*, *Effizienz* und *Suffizienz* erklärt.

Wir leiten aus der Stichprobe bestimmte statistische Kennwerte (kurz: Statistiken) ab, um auf die statistischen Parameter der Grundgesamtheit zu schließen. Für die Schätzung dieser Parameter stehen bestimmte Schätzfunktionen zur Verfügung. Mit Hilfe der statistischen Kennwerte, die man aus solchen Schätzfunktionen erhält (z.B. Mittelwerte, Varianzen), kann man dann Aussagen über die Grundgesamtheit ableiten. Kriterien, mit deren Hilfe man beurteilen kann, welche Statistiken am besten zur Schätzung eines Parameters geeignet sind, wurden von dem englischen Statistiker R. A. Fisher (1925a) in seinem Aufsatz über die *Theorie der Schätzung* dargelegt. Danach sollen angemessene Schätzer folgende vier Anforderungen erfüllen:

2.1 Methoden und Kriterien der Parameterschätzung

- *Erwartungstreue:* Ein Schätzer soll keine systematische Abweichung zu dem zu schätzenden Parameter aufweisen, er soll also unverzerrt (englisch: unbiased) sein. Solche Schätzer nennt man »erwartungstreu«. Dies ist z. B. beim arithmetischen Mittelwert der Fall. Das arithmetische Mittel der Kennwerteverteilung bzw. der Erwartungswert der Mittelwerte entspricht dem Populationsparameter:

$$E(x) = \mu$$

Dagegen ist die Stichprobenvarianz, bestimmt als durchschnittliche quadrierte Abweichung der einzelnen Messwerte vom Stichprobenmittelwert, $\sum_{i=1}^{n}(x_i - \bar{x})^2/n$, nicht erwartungstreu, denn ihr Erwartungswert enthält einen *Bias* gegenüber der Populationsvarianz. Dieser Bias lässt sich ausgleichen, indem wir bei der Bestimmung der Varianz über die Stichprobendaten nicht durch n, sondern durch $(n-1)$ teilen:

$$s^2 = \frac{\sum_{i=1}^{n}(x_i - \bar{x})^2}{(n-1)}$$

Die so ermittelte Stichprobenvarianz stellt dann einen erwartungstreuen Schätzer der Populationsvarianz dar.

- *Konsistenz:* Von einem konsistenten Schätzer spricht man, wenn der Populationsparameter mit wachsendem Stichprobenumfang immer genauer geschätzt wird. Das arithmetische Mittel und die Varianz mit dem Nenner »$(n - 1)$« sind nicht nur erwartungstreue, sondern auch konsistente Schätzer und ihr Standardfehler sinkt mit wachsendem Stichprobenumfang. Das gilt aber z. B. auch für die Stichprobenvarianz zur Basis »n«, da der Bias mit größer werdender Stichprobe immer kleiner wird. In einem solchen Fall spricht man auch von einem *asymptotisch erwartungstreuen Schätzer.*

- *Effizienz:* Diese Eigenschaft kennzeichnet die Präzision einer Schätzung. Das heißt, unter allen erwartungstreuen Schätzern sind diejenigen zu bevorzugen, die die geringste Varianz oder Streuung aufweisen. Umgekehrt kann man sagen, dass je größer die Varianz der Stichprobenkennwerteverteilung ist, desto geringer ist die Effizienz der entsprechenden Statistik. Zum Beispiel sind bei einer symmetrischen

Verteilung sowohl der Median als auch das arithmetische Mittel erwartungstreue und konsistente Schätzer für μ, aber $\bar{x}$ ist ein effizienterer (und damit besserer) Schätzer als der Median.

- *Suffizienz:* Eine Statistik ist suffizient oder erschöpfend, wenn sie alle in den Daten einer Stichprobe enthaltenen Informationen berücksichtigt. Zum Beispiel berücksichtigt der Median nur die ordinalen Informationen der Daten, während das arithmetische Mittel die Informationen einer intervallskalierten Messung ausschöpft. Der Mittelwert ist damit der suffizientere Schätzwert.

Für viele Anwendungsfälle sind die besten Schätzer bereits etabliert (z. B. lässt sich zeigen, dass der Stichprobenmittelwert der beste Schätzer für den Populationsmittelwert μ ist). Allgemein anwendbare Methoden der Parameterschätzung sind z. B. die *Methode der kleinsten Quadrate*, die v. a. im Rahmen der Regressionsanalyse bedeutsam ist, oder die breiter nutzbare *Maximum-Likelihood-Methode* (für weitere Informationen siehe Bortz & Schuster, 2010).

2.2 Intervallschätzung

Lernziele

Mit der Intervallschätzung wird eine Methode vorgestellt, die der (Un-)Sicherheit der Parameterschätzung Rechnung trägt und anstelle eines unsicheren Punktschätzers durch ein Konfidenzintervall einen Bereich angibt, in dem der zu schätzende Parameter vermutet werden kann. Dies wird ausführlich für den Mittelwert als häufigstem Anwendungsfall gezeigt sowie auf den Prozentwert als weiteres Anwendungsbeispiel übertragen.

2.2 Intervallschätzung

2.2.1 Konfidenzintervall des Mittelwerts

In Kapitel 2.1 wurden die Kriterien für die Güte einer Parameterschätzung besprochen. Dabei zeigte sich, dass der Stichprobenmittelwert den genauesten Schätzer für den Populationsparameter µ darstellt, denn er ist erwartungstreu, konsistent, effizient und erschöpfend. Dennoch wird, wie in Kapitel 1 gezeigt wurde, die Schätzung durch einen Einzelwert (sog. *Punktschätzung*) in der Regel mehr oder weniger weit von dem tatsächlichen Populationsparameter entfernt liegen. Wenn man statt eines Einzelwertes einen Wertebereich angibt, innerhalb dessen man den Parameter vermutet, hat man – je nachdem, wie man diesen Wertebereich festlegt – eine bessere Chance, den fraglichen Parameter auch tatsächlich »erwischt« zu haben. Selbstverständlich erkauft man sich dies dadurch, dass ein Schätzintervall weniger präzise ist als ein exakter Schätzwert. Haben wir beispielsweise die durchschnittliche Schlafdauer von Studierenden an einer Stichprobe mit $\bar{x} = 7{,}50$ Stunden ermittelt, so könnten wir dies als Punktschätzer für µ in der zugrunde liegenden Population heranziehen, müssen aber davon ausgehen, dass µ nicht exakt bei 7,50 liegt. Würden wir hingegen schätzen, dass µ irgendwo zwischen 7 bis 8 Stunden läge, so hätten wir zwar eine weniger präzise Schätzung geleistet, aber dafür vermutlich eine recht gute Chance, dass sich der wahre Parameterwert tatsächlich innerhalb dieses Intervalls befindet. Man bezeichnet solche Schätzintervalle als *Konfidenzintervall* (seltener auch: *Vertrauensintervall* oder *Vertrauensbereich*).

Konfidenzintervalle (KI) sind im Rahmen der Parameterschätzung auch nützlich, weil sie die (Un-)Sicherheit bei der Parameterschätzung zu veranschaulichen helfen. Je nachdem wie sicher man sein will, dass man einen zu schätzenden Parameter durch das Konfidenzintervall erfasst hat, kann man mehr oder weniger hohe Konfidenzkoeffizienten zugrunde legen (typische Konfidenzkoeffizienten sind 95 % oder 99 %, seltener auch 80 %). Statistisch bedeutet ein Konfidenzkoeffizient von 95 %, dass bei (theoretisch unendlicher) Wiederholung der Stichprobenuntersuchung das ermittelte Konfidenzintervall mit einer Wahrscheinlichkeit von 95 % tatsächlich den gesuchten Parameter umfasst. Umgekehrt bedeutet es, dass der Versuch, den wahren Wert durch ein 95 %-KI »einzufangen«, mit einer Wahrscheinlichkeit von 5 % missglückt (es handelt sich hier um die α-

2 Parameterschätzung

Fehler-Wahrscheinlichkeit, die uns im weiteren Verlauf des Buches immer wieder begegnen wird).

Definition: Konfidenzintervall

Ein Konfidenzintervall ist ein Wertebereich, innerhalb dessen plausible Schätzer für den gesuchten Parameter liegen. Der Konfidenzkoeffizient gibt die Wahrscheinlichkeit an, mit der man bei einer solchen Intervallschätzung den tatsächlichen Parameter erfasst hat. Als Konfidenzkoeffizienten werden üblicherweise 95 % oder 99 % festgelegt.

Zur Erläuterung der Bestimmung von Konfidenzintervallen wollen wir auf ein kleines Gedankenexperiment zurückgreifen: Wir wollen den IQ in der Gesamtbevölkerung betrachten. Dabei handelt es sich um eine normalverteilte Variable, für die bekannt ist, dass $\mu = 100$ und $\sigma = 15$ beträgt (die IQ-Skala ist so normiert). Wir ziehen eine Zufallsstichprobe der Größe $n = 25$. Für die Verteilung der Mittelwerte ergibt sich folglich eine Normalverteilung mit $\mu = 100$ und $\sigma_{\bar{x}} = \sigma/\sqrt{n} = 3{,}00$. Welchen Mittelwert würden wir in der Stichprobe wohl finden? Das wissen wir natürlich nicht, da es sich um ein Zufallsexperiment mit unbekanntem Ergebnis handelt. Allerdings gibt es einige Ergebnisse, die mit höherer Wahrscheinlichkeit auftreten. Eine sinnvolle Annahme wäre, dass der Stichprobenmittelwert irgendwo um 100 liegen wird, also nahe μ, da das der Erwartungswert der Verteilung der Mittelwerte ist. Wir könnten das aber unter Rückgriff auf unser Wissen um die Verteilung der Mittelwerte noch präzisieren. Zum Beispiel wissen wir, dass in einer Normalverteilung ca. 95,5 % der Werte im Bereich $\mu \pm 2 \cdot \sigma_{\bar{x}}$ liegen, im Beispiel unserer Verteilung der Mittelwerte also im Bereich $100 \pm 2 \cdot 3{,}00$. Wir werden demnach in unserer Stichprobe mit einer Wahrscheinlichkeit von $p = 0{,}955$ einen Mittelwert im Bereich $94 \leq \bar{x} \leq 106$ erhalten. Ein Mittelwert außerhalb dieses Bereiches wäre zwar möglich, aber mit $p = 0{,}045$ recht unwahrscheinlich.

Wie hilft uns dieses Gedankenexperiment in Bezug auf die Bestimmung von Konfidenzintervallen weiter? Wir können den Gedankengang umdrehen: Wenn die zu erwartenden Stichprobenmittelwerte zu 95,5 % im Bereich $\mu \pm 2 \cdot \sigma_{\bar{x}}$ liegen, dann kann man umgekehrt argumentieren,

2.2 Intervallschätzung

dass ein bestimmter Stichprobenmittelwert vermutlich aus einer Zufallsvariable stammt, deren Populationsmittelwert µ sich im Bereich $\bar{x} \pm 2 \cdot \sigma_{\bar{x}}$ befindet.

Genau nach diesem Prinzip werden Konfidenzintervalle bestimmt. Allerdings bezieht man sich nicht auf einen 95,5%-Bereich, sondern wählt, wie bereits dargestellt, »rundere« Konfidenzkoeffizienten, z. B. 95%. Generell greift man bei normalverteilten Stichprobenkennwerteverteilungen zur Bestimmung der Konfidenzintervalle auf die Standardnormalverteilung zurück. Dies ist eine besondere Normalverteilung mit µ = 0 und σ = 1. Jede beliebige Normalverteilung lässt sich durch eine sogenannte z-Transformation in die Standardnormalverteilung überführen. Für die Verteilung der Stichprobenkennwerteverteilung erfolgt die z-Transformation folgendermaßen:

$$z = \frac{\bar{x}_i - \mu_x}{s_{\bar{x}}}$$

Andersherum kann man unter Rückgriff auf kritische z-Werte Grenzen für Konfidenzintervalle bestimmen. Ein z-Wert von ± 1,96 kennzeichnet in der Standardnormalverteilung den Bereich, innerhalb dessen sich 95% der Verteilung befinden. Die mittleren 99% der Verteilung befinden sich innerhalb z = ± 2.58 (▶ Abb. 2.1 und Anhang Tab. A).

Wie arbeitet man mit der Tabelle A bzw. mit der z-Verteilungsfunktion der Standardnormalverteilung? Es sind dort die z-Werte mit den zugehörigen Werten der Verteilungsfunktion $F(z)$ tabelliert. Diese Werte geben den Flächenanteil bis zu dem betreffenden z-Wert an; dieser wiederum entspricht dem Anteil der Werte in der Standardnormalverteilung, die ≤ z sind. Anhand der Tabelle können die Verteilungswerte zwischen $-3{,}09 \leq z \leq +3{,}09$ bestimmt werden (in Wirklichkeit nähert sich die Standardnormalverteilung asymptotisch an die Abszisse und ist daher zu beiden Enden offen bzw. sie reicht von $-\infty \leq z \leq +\infty$; aber mit -3,09 bis +3,09 deckt man schon mehr als 99,9% der Fläche ab und das reicht für die Praxis leicht aus).

Wir suchen nun beispielhaft den Flächenwert für $z = 2{,}58$, also $F(z = 2{,}58)$. Wir finden den Flächenanteil, indem wir in der ersten Spalte, in der die z-Werte bis auf die erste Nachkommastelle angegeben sind, die

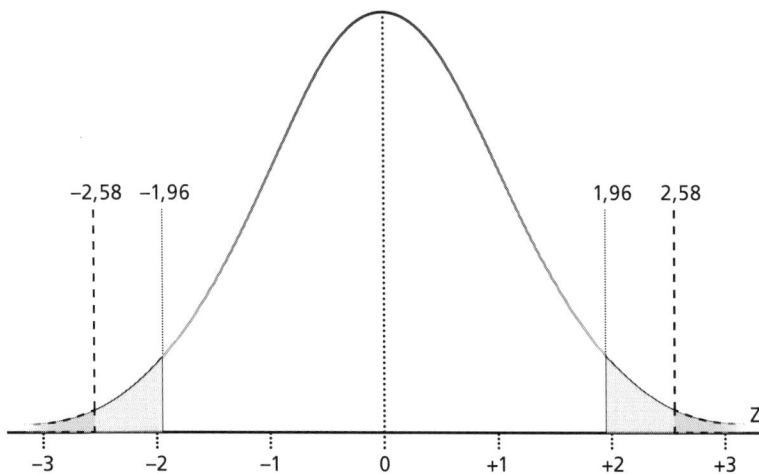

Abb. 2.1: Standardnormalverteilung (z-Skala mit einem Mittelwert von null und einer Streuung von eins) mit typischen Konfidenzintervallgrenzen

Zeile suchen, in der »2,5« notiert ist. In der obersten Zeile suchen wir nun die Spalte mit »0,08« (zusammen ergibt das 2,58, also den z-Wert, dessen Flächenanteil wir suchen). Dort wo sich die betreffende Zeile und die Spalte kreuzen, ist der Wert der Verteilungsfunktion notiert. In unserem Beispiel erhalten wir also $F(z = 2{,}58) = 0{,}9951$. Das heißt, dass bis zum z-Wert von 2,58 ca. 99,5 % der Fläche der Standardnormalverteilung liegt. Umgekehrt bedeutet das auch, dass nur ca. 0,5 % der Fläche oberhalb von $z = 2{,}58$ liegen. Ihnen ist vielleicht aufgefallen, dass keine negativen z-Werte tabelliert sind. Das ist auch nicht nötig, denn weil die Standardnormalverteilung symmetrisch um 0 verteilt ist, gilt, dass der Flächenanteil bei negativen z-Werten immer $F(-z) = 1 - F(z)$ ist. So ergibt sich zum Beispiel für $F(z = -2{,}58)$ ein Flächenanteil von $1 - 0{,}9951 = 0{,}0049$. Es liegen also ca. 0,5 % der Fläche der Standardnormalverteilung unterhalb von $z = -2{,}58$. Wenn jeweils 0,5 % der Fläche der Standardnormalverteilung unterhalb von $z = -2{,}58$ bzw. oberhalb von $z = +2{,}58$ liegen, dann liegen offenbar die restlichen 99 % der Fläche zwischen diesen beiden Werten. In ähnlicher Weise können wir die z-Wert-Grenzen für den 95 %-Konfidenzkoeffizienten finden: Wir suchen die z-Wert-Grenzen innerhalb derer 95 % der Fläche liegen bzw. die von unten und oben jeweils 2,5 % der Fläche abschneiden.

2.2 Intervallschätzung

Wir suchen in der Tabelle A des Anhangs die Stelle, an der 2,5 % der Fläche von der rechten Seite der Standardnormalverteilung abgeschnitten werden, also den Flächenanteil »0,975«. Wir finden diesen Flächenwert in der Zeile, in der für den z-Wert in der ersten Spalte »1,9« und in der obersten Zeile »0,06« notiert ist, also $z = 1,96$. Dies ist die gesuchte obere z-Wert-Grenze. Die untere Grenze ist dann schlicht der negative z-Wert, also $z = -1,96$. Innerhalb der Grenzen $z = \pm 1,96$ befinden sich demnach 95 % der Fläche der Standardnormalverteilung. Auf diese Weise können im Prinzip die z-Wert-Grenzen für beliebige Konfidenzkoeffizienten ermittelt werden. Aus Tabelle A liest man den z-Wert ab, der in der Verteilungsfunktion einen Flächenanteil von 1-α/2 hat.

Die für die jeweiligen Konfidenzkoeffizienten passenden z-Werte kann man nun nutzen, um die Unter- und Obergrenze eines Konfidenzintervalls direkt zu bestimmen:

$$\textit{untere/obere Grenze} = \bar{x} \pm z_{\left(1-\frac{\alpha}{2}\right)} \cdot \sigma_{\bar{x}}$$

Für das 95%-Konfidenzintervall ergeben sich die Unter- und Obergrenzen demnach folgendermaßen:

$$\textit{untere/obere Grenze} = \bar{x} \pm 1{,}96 \cdot \sigma_{\bar{x}}$$

Streng genommen müsste man zur Bestimmung der Untergrenze den z-Wert an der Stelle α/2 verwenden, beim 95%-KI also den z-Wert, der 0,025 von der unteren (linken) Seite der Standardnormalverteilung abtrennt. Da die Standardnormalverteilung symmetrisch um $z = 0$ verteilt ist, ist das aber nicht nötig, denn $-z_{(\alpha/2)} = z_{(1-\alpha/2)}$.

Beispiel

In einem psychologischen Test, dessen Testwerte eine Standardabweichung von $\sigma = 10$ aufweisen, ergab sich in einer zufällig gezogenen Stichprobe von $n = 100$ Zwölftklässlern ein Mittelwert von $\bar{x} = 104{,}20$ Punkten. Wie lautet das 95%-Konfidenzintervall für den Populations-

2 Parameterschätzung

parameter μ der Zwölftklässler? Zum Vergleich wollen wir auch das 99%-Konfidenzintervall bestimmen.

Berechnung

Wir berechnen zunächst den Standardfehler:

$$\sigma_{\bar{x}} = \frac{\sigma}{\sqrt{n}} = \frac{10}{\sqrt{100}} = 1{,}00$$

Konfidenzkoeffizient: 95% → $\alpha = 0{,}05$ → $z_{(1-\alpha/2)} = 1{,}96$

Wir bestimmen dann das Konfidenzintervall:

$$\Delta_{crit(95\%)} = \bar{x} \pm z_{(0,975)} \cdot \sigma_{\bar{x}} = 104{,}20 \pm 1{,}96 \cdot 1{,}00 = 104{,}20 \pm 1{,}96$$

Das 95%-Konfidenzintervall lautet also: $102{,}24 \leq \mu \leq 106{,}16$. Man ist versucht, das Konfidenzintervall zu interpretieren, indem man sagt, dass der gesuchte Populationsmittelwert mit einer Wahrscheinlichkeit von 95% in diesem Bereich liegt. Diese Formulierung ist leider statistisch nicht korrekt, denn µ liegt entweder im Konfidenzintervall oder nicht; µ ist keine Zufallsvariable wie $\bar{x}$. Korrekt ausgedrückt müsste man sagen: In diesem Bereich liegen 95% aller Populationsparameter, die den empirisch ermittelten Stichprobenkennwert »erzeugt« haben können, was zugegebenermaßen wenig elegant klingt. Auf jeden Fall kann man sich recht sicher sein, dass man mit diesem Intervall auch den zu schätzenden Populationsparameter umschließt. Es bleibt aber ein Risiko, dass das Konfidenzintervall µ fälschlicherweise nicht umfasst. Man kann dieses Risiko reduzieren, indem man mit einem höheren Konfidenzkoeffizienten arbeitet, z. B. 99%:

Konfidenzkoeffizient: 99% → $\alpha = 0{,}01$ → $z_{(1-\alpha/2)} = 2{,}58$

$$\Delta_{crit(99\%)} = \bar{x} \pm z_{(0,995)} \cdot \sigma_{\bar{x}} = 104{,}2 \pm 2{,}58 \cdot 1{,}00 = 104{,}2 \pm 2{,}58$$

Das 99%-Konfidenzintervall reicht also von 101,62 bis 106,78 und ist damit breiter als das 95%-Konfidenzintervall. Das größere Vertrauen in die Korrektheit der Schätzung geht zu Lasten ihrer Präzision.

Die Bestimmung des Konfidenzintervalls mit Hilfe der Standardnormalverteilung setzt voraus, dass die Populationsvarianz bekannt ist. Außerdem muss das Merkmal in der betreffenden Population normalverteilt sein, wenn die Stichprobe klein ist (Faustregel: n < 30). Bei größeren Stichproben greift das zentrale Grenzwerttheorem (▶ Kap. 1.4), so dass hier die Normalverteilungsvoraussetzung wegfällt. Das ist forschungsmethodisch sehr hilfreich, da man sich durch hinreichend große Stichproben von der Normalverteilungsannahme unabhängig machen kann.

2.2.2 Konfidenzintervalle bei unbekannter Populationsvarianz

Für die Bestimmung von Konfidenzintervallen bei unbekannter Populationsvarianz gelten alle bisherigen Überlegungen, allerdings kann nicht mit der Standardnormalverteilung gearbeitet werden, sondern es muss auf die t-Verteilung zurückgegriffen werden. Wie die Standardnormalverteilung sind t-Verteilungen symmetrisch um 0; sie sind aber schmalgipfliger. Dadurch ist der Bereich, innerhalb dessen sich ein bestimmter Anteil an Fällen befindet, breiter, sprich die Schätzung ist weniger präzise. Der Präzisionsverlust hat damit zu tun, dass nicht nur µ geschätzt werden muss, sondern in die Schätzung zusätzliche Unsicherheit dadurch eingebracht wird, dass der Standardfehler nicht exakt bestimmt werden kann. Er wird vielmehr ebenfalls unter Rückgriff auf die Varianz in den (immer mehr oder weniger fehlerbehafteten) Stichprobendaten geschätzt. Wenn man so will, ist diese zusätzliche Unsicherheit in der t-Verteilung »eingepreist«.

Die verschiedenen t-Verteilungen unterscheiden sich in ihren Freiheitsgraden (df = *degrees of freedom*). Je weniger Freiheitsgrade eine t-Verteilung hat, desto schmalgipfliger ist sie. Mit wachsenden Freiheitsgraden nähert sich die t-Verteilung sukzessive der Standardnormalverteilung an, so dass bei sehr großen Stichproben auch wieder auf die Standardnormalverteilung zurückgegriffen werden kann. Die Anzahl der Freiheitsgrade,

2 Parameterschätzung

die für die *t*-Verteilung gelten, ergeben sich aus den Freiheitsgraden des Standardfehlers. Für den Standardfehler des Mittelwerts gilt $df = n - 1$.

> **Was kann man sich unter einem Freiheitsgrad vorstellen?**
>
> Dahinter verbirgt sich die Vorstellung, wie viele Werte bei einer Schätzung »frei variieren« können. Die Varianz zum Beispiel hat $n - 1$ Freiheitsgrade. Nehmen wir eine Variable mit einem Mittelwert von $\bar{x} = 7$ bei einer Stichprobe der Größe $n = 5$. Dann können lediglich $5-1 = 4$ der Werte frei um den Mittelwert variieren. Der letzte Wert ist praktisch festgelegt, denn es muss ja der Mittelwert von 7 resultieren, der in die Berechnung der Varianz eingeht. Wenn die ersten vier Werte z. B. 3, 5, 9, 12 lauten, dann ist dadurch auch schon der letzte Wert festgelegt. Damit $\bar{x} = 7$ resultiert, muss er 6 sein.

Im Anhang sind in Tabelle B *t*-Verteilungen mit verschiedenen Freiheitsgraden tabelliert (jede Zeile stellt eine *t*-Verteilung mit den in der ersten Zeile genannten Freiheitsgraden dar). In den Spalten sind häufig benötigte Flächenanteile tabelliert. Um einen bestimmten *t*-Wert zu ermitteln, liest man also in der entsprechenden Zeile und der für den benötigten Flächenanteil angegebenen Spalte den tabellierten Wert ab. So würde z. B. in einer *t*-Verteilung mit $df = 18$ der *t*-Wert 2,552 einem Flächenanteil von 0,99 entsprechen, d. h., 99 % der Werte einer *t*-Verteilung mit $df = 18$ liegen bei $t \leq 2{,}552$. Meist notiert man *t*-Werte mit der Angabe der Freiheitsgrade und des betrachteten Flächenanteils im Subskript: $t_{18;\, 0{,}99} = 2{,}552$.

Will man nun also bei unbekannter Populationsvarianz das Konfidenzintervall bestimmen, geschieht dies über die *t*-Verteilung:

$$\Delta_{crit}(1 - \alpha) = \bar{x} \pm t_{(df=n-1;\, 1-\frac{\alpha}{2})} \cdot s_{\bar{x}}$$

Wie schon zuvor, wird auch hier vorausgesetzt, dass das untersuchte Merkmal in der Grundgesamtheit normalverteilt ist. Ist das nicht der Fall und liegt zusätzlich eine kleine Stichprobe vor, dann muss auf die hier beschriebene Konfidenzintervallbestimmung verzichtet werden. In solchen Fällen kann ein Konfidenzintervall alternativ über das sogenannte

2.2 Intervallschätzung

Bootstrapping erfolgen, das keine spezifischen Verteilungsannahmen voraussetzt (DiCiccio & Efron, 1996). Generell kann man aber sagen, dass in der Praxis die Bestimmung eines Konfidenzintervalls bei kleinen Stichproben nur selten vorkommt, da solche Schätzungen recht ungenau sind. Populationsbeschreibende Studien, deren zentrales Ziel die Parameterschätzung ist, greifen daher meist auf umfangreichere Stichproben zurück.

Beispiel

Ein großes Unternehmen macht sich Gedanken über die Gesundheit seiner Angestellten und will in Erfahrung bringen wie viele Schritte diese pro Tag gehen. An 40 zufällig ausgewählte Angestellte werden Fitness-Tracker ausgeteilt und die tägliche Schrittzahl erfasst. Für die 40 Probanden und Probandinnen ergibt sich ein Wert von $\bar{x}$= 3644,26 (s = 956,41). Auf dieser Basis soll die durchschnittliche Schrittzahl aller Angestellten abgeschätzt werden und mit einem 95%-Konfidenzintervall abgesichert werden.

Berechnung

Da die Populationsvarianz nicht bekannt ist, muss der Standardfehler des Mittelwertes mittels der Stichprobenvarianz geschätzt werden:

$$s_{\bar{x}} = \frac{s}{\sqrt{n}} = \frac{956{,}41}{\sqrt{40}} = 151{,}22$$

Die Bestimmung des Konfidenzintervalls erfolgt mittels der t-Verteilung bei α = 0,05 und df = n − 1 = 39. Laut Anhang Tabelle B ist das ein kritischer t-Wert von $t_{39;\,0{,}975}$ = 2,023.

Die Grenzen des Konfidenzintervalls bestimmen wir nach:

$$\Delta_{crit(95\%)} = \bar{x} \pm t_{(1-\frac{\alpha}{2})} \cdot s_{\bar{x}} = 3644{,}26 \pm 2{,}023 \cdot 151{,}22 = 3644{,}26 \pm 305{,}91$$

2 Parameterschätzung

Das 95%-Konfidenzintervall lautet demnach:

$3338{,}35 \leq \mu \leq 3950{,}17$

2.2.3 Konfidenzintervalle für Prozentwerte

Der oben dargestellte Grundgedanke zur Ermittlung von Vertrauensintervallen kann auf alle statistischen Kennwerte übertragen werden, die sich (angenähert) normal verteilen. Bei Prozentwerten (P) kann man die Normalverteilungsannahme als erfüllt betrachten, wenn $n \cdot p \cdot q \geq 9$ ist (beachten Sie, dass P für eine prozentuale Häufigkeit, während p für die relative Häufigkeit steht, also z. B. P = 50% → p = 0,50; Q und q stehen für die prozentuale bzw. relative Häufigkeit des Gegenereignisses).

Das Konfidenzintervall ermitteln wir dann nach

$$\Delta_{crit(\%)} = P \pm z_{\left(1-\frac{\alpha}{2}\right)} \cdot \sigma_{\%}$$

Der Standardschätzfehler für Prozentwerte lautet:

$$\sigma_{\%} = \sqrt{\frac{P \cdot Q}{n}}$$

> **Beispiel**
>
> Eine Experimentalpsychologin legt ihren Probanden (n = 100) eine kleine Denksportaufgabe vor. 19 der Probanden lösen die Aufgabe. Bestimmen Sie das 95%-Konfidenzintervall!

Berechnung

Konfidenzkoeffizient: 95% → $\alpha = 0{,}05$, also beträgt $z_{(1-\alpha/2)} = z_{0{,}975}$ (siehe Anhang Tab. A); P = 19% (p = 0,19; q = 0,81)

2.2 Intervallschätzung

Da $n \cdot p \cdot q = 100 \cdot 0{,}19 \cdot 0{,}81 = 15{,}39 \geq 9$ können wir von einer normalverteilten Kennwerteverteilung ausgehen.

$$\sigma_\% = \sqrt{\frac{P \cdot Q}{n}} = \sqrt{\frac{19 \cdot 81}{100}} = 3{,}92$$

$$\Delta_{crit(95\%)} = P \pm z_{(1-\frac{\alpha}{2})} \cdot \sigma_\% = 19{,}00 \pm 1{,}96 \cdot 3{,}92 = 19 \pm 7{,}68$$

Das 95 %-Konfidenzintervall betragt: $11{,}32 \leq \mu \cdot 100\% \leq 26{,}68$

3 Grundlagen der statistischen Hypothesenprüfung

3.1 Hypothesen

Lernziele

In diesem Kapitel werden die Formulierung und Überprüfung von Hypothesen behandelt. Hypothesen sind Vermutungen über Eigenschaften der Population oder in einer Theorie formulierte Sachverhalte, die anhand von Stichprobendaten empirisch überprüft werden sollen. Bei der Hypothesenprüfung werden die Null- und die dazugehörige Alternativhypothese auf Grundlage von Irrtumswahrscheinlichkeiten bewertet. Das Kapitel gibt eine grundlegende Einführung in die wesentlichen Prinzipien der Hypothesenprüfung sowie der Bedeutung und Grenzen von Signifikanzaussagen. Darüber hinaus wird die Teststärke als wichtiges Merkmal einer statistischen Hypothesenprüfung und die Stichprobengröße als relevanter Faktor der Studienplanung erörtert.

Am Anfang steht bei der Hypothesenüberprüfung eine Behauptung (Hypothese), die sich auf Eigenschaften in der Population bezieht und die anhand von an einer Stichprobe gewonnenen Daten überprüft werden soll. Zwei Beispiele für Hypothesen: 1) Je stärker bei älteren Menschen die kognitive Informationsverarbeitung nachlässt, desto schwerer haben es diese, neue Informationen zu speichern und abzurufen. 2) Opioidabhängige Strafgefangene, die mit Methadon substituiert werden, begehen nach der Haftentlassung weniger Straftaten (geringere Beschaffungskriminalität) als jene, die einer abstinenz-orientierten Standardtherapie unterzogen werden. Die erste Hypothese gehört zu den sogenannten Zusammenhangshypothesen, auf deren Prüfung wir in Kapitel 6 eingehen werden. Semantisch gesehen kann man sie auch anhand der Worte »je desto« erkennen; inhaltlich beschreiben sie eine Assoziation oder einen Zusammenhang. Die zweite Hypothese gehört zu den Unterschiedshypothesen, denn darin wird die Unterschiedlichkeit zweier Gruppen angesprochen. Semantisch gesehen kann man diese Hypothesen auch anhand der Worte »mehr als«, »weniger als« oder – im ungerichteten Fall – »verschieden von« erkennen. Verfahren, die Unterschiedshypothesen prüfen, werden wir in Kapitel 4 und 5 besprechen. Vorher sollen aber einige grundlegende Begriffe eingeführt werden sowie die grundlegende Logik der klassischen Hypothesenprüfung.

3.1.1 Nullhypothese – Alternativhypothese

Bei der Hypothesenprüfung unterscheidet man zwei konkurrierende Hypothesen, die einander ausschließen und gleichzeitig alle denkbaren Ergebnisse abdecken: Die *Nullhypothese* (abgekürzt: H_0) und die *Alternativhypothese* (manchmal auch »Gegenhypothese« genannt; abgekürzt: H_1). Als Alternativhypothese bezeichnet man ganz einfach jene Hypothese, die einen Unterschied oder einen Zusammenhang behauptet. Ihr steht die Nullhypothese gegenüber, die immer behauptet, dass in Wahrheit keine Unterschiede bzw. keine Zusammenhänge vorliegen. Meist ist man daran interessiert, Theorien zu überprüfen, die über den Status Quo des Erkenntnisstands hinausgehen, indem sie bislang nicht betrachtete Unterschiede oder Zusammenhänge formulieren. Die daraus abgeleitete Forschungshypothese hat in diesen Fällen also den Status einer Alternativhypothese. Das muss aber nicht so sein. Es gibt auch Situationen, in denen angenommen wird, dass sich keine Unterschiede oder Zusammenhänge zeigen und damit eine Nullhypothese als Forschungshypothese formuliert wäre. Ein klassisches Beispiel wäre die Voraussetzungsprüfung für eine Normalverteilung, auf die wir in Kapitel 4.3 (▶ Kap. 4.3) noch ausführlicher eingehen werden.

Um inhaltliche Hypothesen anhand der empirischen Daten prüfen zu können, müssen sie in statistische Hypothesen übersetzt werden, d. h., wir übertragen die inhaltliche Aussage in eine mathematisch formulierte Aussage zu Populationsparametern. Das klingt komplizierter als es ist: Im Fall der oben aufgestellten Unterschiedshypothese über die Beschaffungskriminalität der von Opioiden abhängigen Strafgefangenen würde man für die Methadon-substituierten Straftäter annehmen, dass der Mittelwert der begangenen Straftaten, μ_1, niedriger liegt als die durchschnittliche Anzahl der Straftaten bei den Probanden der Standardbehandlung, μ_0. Die statistische Alternativhypothese könnten wir daher so formulieren:

$$H_1 : \mu_1 < \mu_0$$

Da wir hier einen gerichteten Größenvergleich vornehmen, sprechen wir von einer *gerichteten Hypothese*. Postuliert die Alternativhypothese lediglich, dass ein Unterschied vorliegt, macht aber keine Aussagen darüber, in welche Richtung der Unterschied geht, dann spricht man von einer *ungerichteten Hypothese*. Würden wir z. B. fragen, ob denn überhaupt ein wie auch immer gearteter Unterschied zwischen den Behandlungsvarianten besteht, dann würden wir lediglich formulieren, dass ein Unterschied besteht, ohne eine Richtung vorzugeben, also $H_1 : \mu_1 \neq \mu_0$.

In äquivalenter Weise erfolgt die Übersetzung einer inhaltlich formulierten Zusammenhangshypothese in eine statistische Hypothese. Postulieren wir wie im obigen ersten Beispiel, dass eine reduzierte Informationsverarbeitungskapazität mit einer reduzierten Gedächtnisfunktion einhergeht, so vermuten wir eine gleichgerichtete, oder positive, Verknüpfung der beiden Variablen (je mehr Informationsverarbeitungskapazität, desto bessere Gedächtnisfunktion). Die Korrelation in der Population bezeichnen wir mit dem griechischen Buchstaben ρ (gesprochen:»rho«). Die statistische Alternativhypothese ergibt sich also mit $H_1: \rho > 0$. Wie schon im anderen Beispiel handelt es sich um eine gerichtete Hypothese. Auch bei Zusammenhangshypothesen können wir ungerichtete Alternativhypothesen formulieren ($H_1: \rho \neq 0$), wenn wir lediglich prüfen wollen, ob überhaupt ein Zusammenhang vorliegt, ohne eine Vermutung über die Richtung des Zusammenhanges prüfen zu wollen.

Die Nullhypothese ist immer komplementär zur jeweiligen Alternativhypothese, deckt also den gesamten Ergebnisbereich ab, der nicht in der Alternativhypothese enthalten ist. In jedem Fall umfasst die Nullhypothese immer die Aussage »Es besteht kein Unterschied« bzw. »Es besteht kein Zusammenhang«. Bei einer ungerichteten Alternativhypothese beschränkt sich die Nullhypothese auf genau diese Aussage. Es gilt also bei H_1: $\mu_1 \neq \mu_0$ für die Nullhypothese: H_0: $\mu_1 = \mu_0$. Ebenso gilt für Zusammenhangshypothesen bei H_1: $\rho \neq 0$ für die Nullhypothese H_0: $\rho = 0$. Die Nullhypothese umfasst daher immer die Annahme, dass der Unterschied bzw. der Zusammenhang gleich null sei, daher auch ihr Name. Liegt eine gerichtete Alternativhypothese vor, geht die Nullhypothese aber noch darüber hinaus, in dem sie auch die der Alternativhypothese entgegengesetzte Aussage einschließt. Bei den beiden oben als Beispiel eingeführten Fragestellungen wäre das der Fall.

Beispiel 1: Es gibt keinen positiven Zusammenhang zwischen der Kapazität der Informationsverarbeitung und der Behaltensleistung, d. h. entweder besteht gar kein Zusammenhang oder er ist negativ. Als statistische Nullhypothese formuliert also: $H_0 : \leq 0$.

Im selben Sinne bei Beispiel 2: Die opioidabhängigen Strafgefangenen mit Methadon-Substitution begehen im Durchschnitt genauso viel oder sogar mehr Delikte im Bereich der Beschaffungskriminalität als jene in Standardtherapie. Die statistische Nullhypothese lautet: $H_0 : \mu_0 \geq \mu_1$.

Dadurch, dass die Nullhypothese immer komplementär zur Alternativhypothese ist, ist sie auch vollständig durch die H_1 determiniert. Tabelle 3.1 fasst die möglichen Konstellationen für Unterschieds- und Zusammenhangshypothesen zusammen:

Tab. 3.1: Statistische Alternativ- und Nullhypothesen

Für Unterschiedshypothesen		Für Zusammenhangshypothesen:	
H_1	H_0	H_1	H_0
$\mu_1 > \mu_0$	$\mu_1 \leq \mu_0$	$\rho > 0$	$\rho \leq 0$
$\mu_1 \neq \mu_0$	$\mu_1 = \mu_0$	$\rho \neq 0$	$\rho = 0$
$\mu_1 < \mu_0$	$\mu_1 \geq \mu_0$	$\rho < 0$	$\rho \geq 0$

3 Grundlagen der statistischen Hypothesenprüfung

> **Definition: Alternativhypothese und Nullhypothese**
>
> Die *Alternativhypothese* wird mit H_1 bezeichnet. Sie postuliert einen Unterschied bzw. einen Zusammenhang. Die *Nullhypothese* wird mit H_0 bezeichnet. Die Nullhypothese ist die Komplementärhypothese zur Alternativhypothese und besagt, dass der in der Alternativhypothese formulierte Sachverhalt *nicht* zutrifft. H_0 und H_1 schließen sich gegenseitig aus. Das Ziel der Hypothesenprüfung ist, zwischen diesen beiden konkurrierenden Hypothesen zu entscheiden.

3.1.2 Fehler 1. und 2. Art

In der Inferenzstatistik geht es darum, auf Grundlage von Stichprobendaten auf die Populationsverhältnisse zu schließen. Im Rahmen der Hypothesenprüfung heißt das, dass entschieden werden soll, welche der konkurrierenden Hypothesen, die Alternativ- oder die Nullhypothese, als gültig erachtet werden soll. Dabei muss man sich aber gewahr sein, dass diese Entscheidung nicht immer richtig ist, sondern fehlerhaft sein kann. Wenn man sich aufgrund der Stichprobendaten für die Alternativhypothese entscheidet, in Wahrheit aber gar kein Unterschied bzw. Zusammenhang vorliegt, also die Nullhypothese korrekt ist, so spricht man von einem Fehler 1. Art oder α-Fehler. Ein Fehler 2. Art oder β-Fehler liegt vor, wenn man sich fälschlicherweise für die Nullhypothese entscheidet, obwohl die Alternativhypothese korrekt ist (▶ Tab. 3.2).

Tab. 3.2: α- und β-Fehler bei statistischen Entscheidungen

		In der Population gilt die	
		H_0	H_1
Entscheidung aufgrund der Stichprobe zugunsten der:	H_0	richtige Entscheidung	β-Fehler (Fehler 2. Art)
	H_1	α-Fehler (Fehler 1. Art)	richtige Entscheidung

> **Definition: α-Fehler und β-Fehler**
>
> *a-Fehler bzw. Fehler 1. Art*: Die Nullhypothese wird fälschlich zugunsten der Alternativhypothese abgelehnt.
>
> *b-Fehler bzw. Fehler 2. Art*: Die Alternativhypothese wird fälschlich zugunsten der Nullhypothese abgelehnt.

3.2 Das Prinzip der Nullhypothesenprüfung

Wir wollen uns im weiteren Verlauf mit beiden Fehlerarten beschäftigen. Bei der klassischen Hypothesenprüfung wie sie von Ronald A. Fisher (1925b, 1955) vorgestellt wurde, geht es aber zunächst einmal nur um den Fehler 1. Art. Dabei spielt die Nullhypothese die entscheidende Rolle: Man beurteilt, ob ein gefundenes Stichprobenergebnis als plausibel erachtet werden kann, wenn in Wahrheit die Nullhypothese korrekt wäre. Ist dies nicht der Fall, so verwirft man die Nullhypothese und nimmt im Umkehrschluss die Alternativhypothese an.

Hypothesen beziehen sich in ihrer Aussage immer auf die Grundgesamtheit (Population), z. B. $\mu_1 > \mu_0$. Die Prüfung der Hypothesen erfolgt dagegen auf Grundlage von Stichprobendaten (z. B. eines Stichprobenmittelwerts $\bar{x}_1$). Wie wir schon zu Beginn erläutert hatten, schwanken Stichprobenergebnisse mehr oder weniger stark um die wahren Werte in der Population. Selbst, wenn der Populationsmittelwert μ_1 in Wahrheit gar nicht größer als μ_0 ist, könnte es passieren, dass in der Stichprobe ein Mittelwert $\bar{x}$ resultiert, der μ_0 überschreitet. Um zu vermeiden, dass wir in diesem Fall eine Fehlentscheidung treffen, wäre es hilfreich, wenn wir

a) das Risiko abschätzen könnten, dass ein Stichprobenmittelwert lediglich im Rahmen der bei Stichprobendaten zu erwartenden Zufalls-

schwankungen von der Aussage der H_0 abweicht → Irrtumswahrscheinlichkeit;
b) eine Regel hätten, ab wann wir eine Abweichung als »überzufällig« erachten → Signifikanzniveau.

3.2.1 Irrtumswahrscheinlichkeit

Als Beispiel diene uns ein Training zur Steigerung der kognitiven Leistungsfähigkeit. Wir vermuten, dass das Training die Leistung in einem IQ-Test verbessert und der durchschnittliche IQ trainierter Personen (μ_1) damit über dem normalen Durchschnitts-IQ der (untrainierten) Bevölkerung liegt (H_1: $\mu_1 > \mu_0$). Wie können wir nun bei einer Entscheidung aufgrund des Stichprobenergebnisses die Wahrscheinlichkeit eines α-Fehlers ermitteln? Wir machen hierzu folgendes Gedankenexperiment. Eine aus der Normalbevölkerung zufällig gezogene Stichprobe von $n = 32$ absolviert das Training. Anschließend bearbeiten die Teilnehmer einen Intelligenztest und wir können so den durchschnittlichen IQ der Teilnehmer ermitteln. Die (theoretische) Grundgesamtheit der trainierten Teilnehmer hat einen Mittelwert von μ_1. Laut Nullhypothese gehen wir davon aus, dass das Training keinen Nutzen bringt, also $\mu_1 = \mu_0$ ist (oder sogar kleiner ist, aber das lassen wir für den Moment beiseite). Wie wir wissen, weicht der Stichprobenmittelwert mehr oder weniger stark von μ ab und lässt sich durch die Verteilung der Mittelwerte beschreiben. Wenn die Stichprobenkennwerteverteilung bekannt ist, können wir den Stichprobenmittelwert betrachten und fragen: Mit welcher Wahrscheinlichkeit ist mit dem gefundenen oder einem noch extremeren Ergebnis zu rechnen, wenn wir davon ausgehen, dass die Nullhypothese richtig ist? Dabei handelt es sich um die sogenannte Irrtumswahrscheinlichkeit. Sie quantifiziert das Risiko, einen α-Fehler zu begehen, wenn wir die Nullhypothese verwerfen.

Formal handelt es sich bei der Irrtumswahrscheinlichkeit um eine bedingte Wahrscheinlichkeit für das Auftreten eines bestimmten oder noch extremeren Stichprobenergebnisses unter der Bedingung, dass die Nullhypothese korrekt ist: $p(\text{Ergebnis} \mid H_0)$. Dabei steht das »Ergebnis« für das in der Stichprobe ermittelte Ergebnis oder noch extremere Ergebnisse (also für einen »Ergebnisraum«).

3.2 Das Prinzip der Nullhypothesenprüfung

> **Definition: Irrtumswahrscheinlichkeit**
>
> Die Wahrscheinlichkeit, mit der das gefundene Ergebnis oder extremere Ergebnisse unter der Annahme der H_0 eintreten, bezeichnet man als *Irrtumswahrscheinlichkeit*. Sie quantifiziert das α-*Fehler-Risiko* beim Verwerfen der Nullhypothese.

Bei der Bestimmung der Irrtumswahrscheinlichkeit können wir auf unser bisheriges Wissen aufbauen. Wir wissen z. B., dass sich die Mittelwerte aus hinreichend großen Zufallsstichproben nach dem zentralen Grenzwerttheorem mit einem Standardfehler von $s_{\bar{x}}$ normal um μ_0 verteilen (▶ Kap. 1.4). Abbildung 3.1 zeigt diese Verteilung der Mittelwerte, die sich bei Gültigkeit der Nullhypothese für verschiedene Stichproben ergeben würden. In dieser Verteilung können wir den in einer konkreten Untersuchung ermittelten Wert für $\bar{x}$ verorten. Setzen wir die Gesamtfläche der Verteilung gleich 1, so markiert der grau schraffierte Anteil die Irrtumswahrscheinlichkeit p.

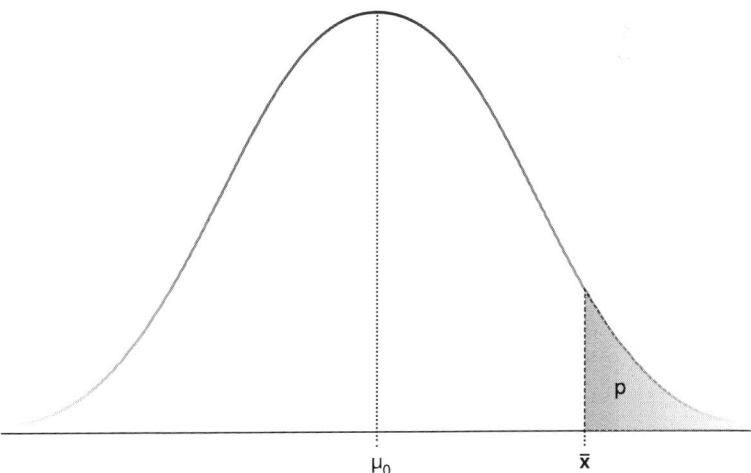

Abb. 3.1: Irrtumswahrscheinlichkeit beim Verwerfen der H_0

3 Grundlagen der statistischen Hypothesenprüfung

Wenn wir es mit einer normalverteilten Stichprobenkennwerteverteilung zu tun haben, können wir den Anteil »p« bestimmen, indem wir auf die Standardnormalverteilung zurückgreifen, den Mittelwert $\bar{x}$ in den korrespondierenden z-Wert transformieren und den Flächenanteil über Tabelle A des Anhangs ermitteln. Dies sei am Beispiel des »Denktrainings« illustriert (siehe Kasten Beispiel zur Bestimmung der Irrtumswahrscheinlichkeit).

> **Beispiel zur Bestimmung der Irrtumswahrscheinlichkeit**
>
> Unsere Forschungshypothese lautete, dass ein »Denktraining« die Teilnehmer kognitiv leistungsfähiger macht. Die kognitive Leistungsfähigkeit wird durch einen IQ-Test erfasst. Das IQ-Maß ist so normiert, dass der Durchschnitt der Normalbevölkerung bei $\mu_0 = 100$ mit einer Streuung von $\sigma = 15$ liegt.
> Wir postulieren, dass die durchschnittliche Intelligenz von Trainingsteilnehmern (μ_1) im Anschluss an das Training über dem der Normalbevölkerung (μ_0) liegt.
> Daraus leiten wir folgende statistischen Hypothesen ab: $H_1: \mu_1 > \mu_0$ und $H_0: \mu_1 \leq \mu_0$.
> In der (untrainierten) Population gilt: $\mu_0 = 100$; $\sigma = 15$.
> Wir testen eine Stichprobe von Teilnehmern des »Denktrainings« (n = 32) und erhalten $\bar{x} = 104{,}80$.
> Wie hoch ist die Irrtumswahrscheinlichkeit?

Der Standardfehler beträgt (▶ Kap. 1.3.1):

$$s_{\bar{x}} = \frac{\sigma}{\sqrt{n}} = \frac{15}{\sqrt{32}} = 2{,}65$$

Wir können davon ausgehen, dass IQs normalverteilt sind, so dass auch die Verteilung der Mittelwerte normal ist (außerdem würde bei $n = 32$ auch bereits das zentrale Grenzwerttheorem greifen). Den Flächenanteil für Werte $\geq \bar{x}$ können wir daher nach z-Transformation über die Standardnormalverteilung bestimmen (▶ Kap. 2.2.1):

3.2 Das Prinzip der Nullhypothesenprüfung

$$z = \frac{\bar{x}_1 - \mu_0}{\sigma_{\bar{x}}} = \frac{104{,}80 - 100}{2{,}65} = 1{,}81$$

Nach Tabelle A des Anhangs erhalten wir als Flächenanteil für $z \leq 1{,}81$: $F(z = 1{,}81) = 0{,}9649$. Für die Fläche oberhalb dieser Grenze ergibt sich also $p = 1 - 0{,}9649 = 0{,}0351$. Dieser Wert steht für den in Abbildung 3.1 skizzierten grauen Flächenanteil und repräsentiert die gesuchte Irrtumswahrscheinlichkeit. Dies wäre das α-Fehler-Risiko, das wir in Kauf nehmen, wenn wir die Nullhypothese verwerfen. Man ist geneigt, zu sagen, dass die Wahrscheinlichkeit, einen α-Fehler zu begehen, bei $p = 0{,}035$ liege. Hüten Sie sich bitte davor, denn das ist nicht ganz richtig. Bei einer konkreten Entscheidung liegen wir entweder falsch oder richtig (d.h., die Wahrscheinlichkeit für einen α-Fehler ist entweder 0 oder 1). Leider wissen wir nicht, ob wir falsch oder richtig liegen, sonst würde sich eine inferenzstatistische Prüfung ja erübrigen. Was wir aber sagen können: Wenn wir in Untersuchungskonstellationen wie der unsrigen die Nullhypothese verwerfen, begehen wir in 3,5 % der Fälle einen α-Fehler. Es ist unverfänglicher, von »α-Fehler-Risiko« zu sprechen und zu überlegen, ob es uns zu hoch ist oder wir es als tragbar erachten. Tatsächlich ist die Irrtumswahrscheinlichkeit in unserem Beispiel recht niedrig. Aber wie gering sollte das α-Fehler-Risiko denn sein, um die Nullhypothese zu verwerfen? Dies wird über das Signifikanzniveau festgelegt.

3.2.2 Signifikanzniveau

Unter dem Signifikanzniveau (auch: α-Fehler-Niveau) versteht man die Grenze des α-Fehler-Risikos, das man bei der Hypothesenprüfung maximal einzugehen bereit ist. Im Prinzip kann man das jeweils im Einzelfall festlegen und auf Basis der möglichen Konsequenzen einer Fehlentscheidung abwägen. Was geschieht, wenn die H_0 fälschlicherweise verworfen wird? Oder was geschieht, wenn die H_0 fälschlicherweise beibehalten wird?

Da es für Forschende wohl allzu verlockend wäre, das Signifikanzniveau so zu legen, dass ihre Wunschhypothese angenommen werden kann, hat sich die sogenannte »scientific community« auf gängige α-Fehler-Niveaus geeinigt, die als Standardgrenzen bei der Signifikanzprüfung zugrunde gelegt werden. Als Standardgrenze fungiert dabei ein α-Fehler-Niveau von 0,05. Häufig wird auch einfach kurz vom »5%-Niveau« gesprochen. Mitunter werden aber auch andere Standardniveaus angelegt oder es wird anhand der ermittelten Irrtumswahrscheinlichkeiten von einem signifikanten, sehr signifikanten oder hoch signifikanten Ergebnis gesprochen:

- p (Ergebnis | H_0) ≤ 0,05 (signifikant; α = 5%)
- p (Ergebnis | H_0) ≤ 0,01 (sehr signifikant; α = 1%)
- p (Ergebnis | H_0) ≤ 0,001 (hoch signifikant; α = 0,1%)
- je nach Fragestellung können auch andere Grenzen angemessen sein (z. B. α = 20%).

Im vorangehenden Beispiel haben wir für die Überprüfung des Denktrainings eine Irrtumswahrscheinlichkeit von 0,035 ermittelt. Diese wäre somit auf dem 5%-Niveau signifikant.

Das zumutbare Fehler-Risiko bzw. das α-Fehler-Niveau muss vor der eigentlichen Hypothesenprüfung festgelegt werden. Eine nachträgliche »Anpassung« des Signifikanzniveaus ist nicht zulässig. Hat man das Signifikanzniveau festgelegt, kann man anhand der ermittelten Irrtumswahrscheinlichkeiten leicht feststellen, ob der geprüfte Unterschied/Zusammenhang signifikant ist. Die Nullhypothese wird immer dann verworfen, wenn p ≤ α liegt. Hätten wir für die Überprüfung des Denktrainings z.B. ein Signifikanzniveau von α = 0,01 festgelegt, wäre das Ergebnis nicht signifikant gewesen, da die Irrtumswahrscheinlichkeit bei p = 0,035 > 0,01 liegt.

Angenommen, wir haben eine Alternativhypothese $H_1 : \mu_1 > \mu_0$ und wir legen das Signifikanzniveau auf α = 5%, d.h., wir schneiden von der rechten Seite der Verteilung der Mittelwerte unter der Bedingung der H_0 5% der Fläche ab. Diesen Bereich nennen wir *Ablehnungsbereich* (▶ Abb. 3.2, grauer Bereich). Wenn nun der Stichprobenmittelwert $\bar{x}_1$ in diesen Ablehnungsbereich fällt, dann sagen wir, dass dieses Ergebnis nicht mehr mit der Nullhypothese zu vereinbaren ist. Im Gegenzug entscheiden wir uns für die Alternativhypothese. Das Ergebnis ist signifikant.

Eine mögliche Vorgehensweise, um die Hypothesenentscheidung zu treffen, ist die Bestimmung kritischer Mittelwerte, die die Grenze des Ablehnungsbereichs markieren. Wenn für H_1: $\mu_1 > \mu_0$ und H_0: $\mu_1 \leq \mu_0$ der

3.2 Das Prinzip der Nullhypothesenprüfung

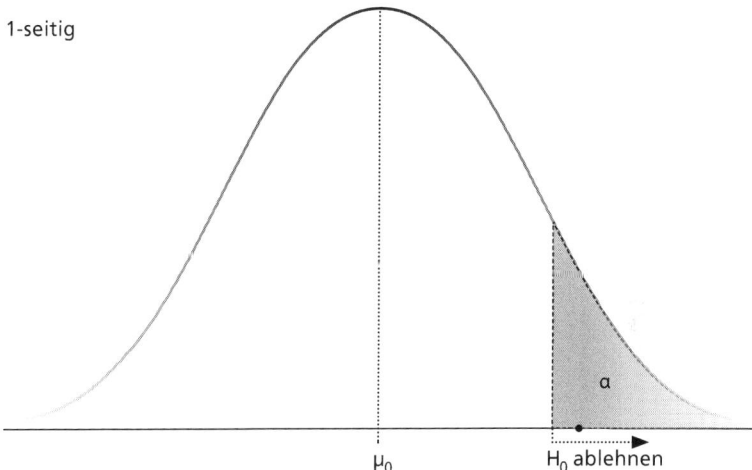

Abb. 3.2: Ablehnungsbereich der Nullhypothese

Stichprobenmittelwert einen kritischen Wert *überschreitet*, so wird die Nullhypothese verworfen. Umgekehrt gilt für $H_1: \mu_1 < \mu_0$ und $H_0: \mu_1 \geq \mu_0$, dass die Nullhypothese zu verwerfen ist, wenn der Stichprobenmittelwert die kritische Grenze unterschreitet. Wir berechnen den kritischen Wert für $H_1: \mu_1 > \mu_0$ folgendermaßen:

$$\overline{x}_{crit(1-\alpha)} = \mu_0 + z_{(1-\alpha)} \cdot s_{\overline{x}}$$

Entsprechend für $H_1: \mu_1 < \mu_0$:

$$\overline{x}_{crit(\alpha)} = \mu_0 + z_{(\alpha)} \cdot s_{\overline{x}}$$

Beispiel

Wir beziehen uns wieder auf obiges Beispiel zum »Denktraining« mit $H_1: \mu_1 > \mu_0$ und $H_0: \mu_1 \leq \mu_0$.
In der (untrainierten) Population gilt: $\mu_0 = 100$ und $\sigma = 15$.

3 Grundlagen der statistischen Hypothesenprüfung

> Wir erheben den IQ in einer Stichprobe von $n = 32$ Teilnehmern des »Denktrainings«.
> Wie lautet der kritische Wert bei einem Signifikanzniveau von $\alpha = 0{,}05$?

Wir können wieder von einer Normalverteilung der Mittelwerte ausgehen mit $\mu_0 = 100$ und $s_{\bar{x}} = 2{,}65$. Aus der Standardnormalverteilungstabelle (siehe Anhang Tab. A) entnehmen wir als z-Wert, der 5 % der Verteilung im positiven Bereich (also auf der rechten Seite) abschneidet, $z_{(1-0,05)} = 1{,}65$. Damit ergibt sich als kritische Grenze für den empirischen Mittelwert:

$$\bar{x}_{crit(1-\alpha)} = \mu_0 + z_{(1-0,05)} \cdot s_{\bar{x}} = 100 + 1{,}65 \cdot 2{,}65 = 104{,}37$$

Das bedeutet für unser Beispiel, dass der Ablehnungsbereich für die Nullhypothese bei $\bar{x}_{krit} = 104{,}37$ beginnt. Stichprobenmittelwerte $\geq 104{,}37$ sind auf dem von uns angelegten Signifikanzniveau von 5 % nicht mehr mit der Nullhypothese vereinbar und führen zum Verwerfen der Nullhypothese. Der bei unserer Stichprobe ermittelte Wert von $\bar{x}_1 = 104{,}80$ stellt somit ein signifikantes Ergebnis dar. Es ist relativ unwahrscheinlich, dass ein solcher Mittelwert unter Gültigkeit der Nullhypothese im Rahmen der Zufallsvariabilität von Stichprobenergebnissen auftreten würde. So unwahrscheinlich, dass wir die Nullhypothese nicht als plausibel erachten und uns entscheiden, sie als nicht korrekt zu erachten. Wir wissen um das Risiko, dass unsere Entscheidung falsch sein kann, aber wir nehmen das Fehler-Risiko, das wir im Rahmen der Setzung des Signifikanzniveaus auf maximal 5 % festgelegt haben, in Kauf. Letztlich dient die Arbeit mit Irrtumswahrscheinlichkeiten und Signifikanzniveaus dazu, die möglichen Fehler, die man bei der Generalisierung von Stichprobendaten begeht, zu begrenzen. Vermeiden können wir sie nicht, wir können das Fehlerrisiko lediglich kontrollieren. Aber dazu später mehr.

Eine ergänzende Anmerkung ist noch nötig: Formal lautete unsere Nullhypothese $\mu_1 \leq \mu_0$; die Irrtumswahrscheinlichkeit bestimmten wir aber unter der Annahme, dass $\mu_1 = \mu_0$ sei. Ein Einwand könnte lauten, dass wir die Irrtumswahrscheinlichkeit auch für jede denkbare Nullhypothese $\mu_1 < \mu_0$ bestimmen müssten, um sicherzustellen, dass in keinem Fall das α-

Fehler-Niveau überschritten würde. Tatsächlich ist das aber nicht nötig, denn wenn das Ergebnis in Richtung der H_1 weist und die Nullhypothese $\mu_1 = \mu_0$ verworfen wird, kann auch jede weitere Nullhypothese $\mu_1 < \mu_0$ auf mindestens dem gewählten α-Fehler-Niveau verworfen werden. Die H_0 ist an der Stelle $\mu_1 = \mu_0$ am nächsten an der konkurrierenden H_1: $\mu_1 > \mu_0$. An keiner anderen Stelle der H_0 kann daher die Aussage der Alternativhypothese stärker auf die Probe gestellt werden.

H_0 als Wunschhypothese

In der Regel ist die Alternativhypothese jene Hypothese, die die Forschenden gerne bestätigen würden, weil sie ihre Theorien und Annahmen repräsentieren. Die klassischen Signifikanzniveaus beziehen sich auf diesen Fall. Manchmal kommt es aber auch vor, dass man hofft, keinen Unterschied zu finden. Dies wäre beispielsweise der Fall, wenn man die Gleichheit zweier Stichprobenvarianzen prüft (▶ Kap. 4.2) oder eine Rohwerteverteilung auf Normalverteilung prüft (▶ Kap. 4.3), die Voraussetzungen für viele Testverfahren darstellen. Hier bilden die Annahme der Varianzgleichheit bzw. die Normalverteilungsannahme die Nullhypothesen und sind gleichzeitig die Wunschhypothesen, da man nur dann das gewünschte Testverfahren durchführen kann. Wenn man in diesen Fällen mit einem recht strikten α-Fehler-Niveau (wie z. B. α = 0,01) arbeiten würde, hätte dies den Effekt, dass Unterschiede teils selbst dann nicht signifikant würden, wenn sie recht deutlich sind. Um grundsätzlich die fälschliche Annahme (bzw. Nicht-Ablehnung) der H_0 zu erschweren, arbeitet man hier oft mit erhöhten α-Fehler-Niveaus, z. B. 0,10 oder 0,20. Mit der Erhöhung des α-Fehler-Niveaus verringert sich im Umkehrschluss gleichzeitig das β-Fehler-Niveau, also das Risiko, die Unterschiedsannahme fälschlicherweise zu verwerfen. Mit dieser sogenannten Anpassungsstrategie soll verhindert werden, dass man verletzte Voraussetzungen vorschnell ignoriert.

3.2.3 Ein- und zweiseitige Fragestellung

Bisher hatten wir es mit gerichteten Fragestellungen zu tun und hatten geprüft, ob eine empirische Abweichung der Stichprobendaten in die vorhergesagte Richtung stärker war als das per Zufall zu erwarten wäre. Bei einer ungerichteten Alternativhypothese sind Abweichungen in beide Richtungen als Möglichkeit formuliert. Man muss daher Abweichungen in beide Richtungen in Betracht ziehen, d.h. auch, dass man die Gültigkeit der Nullhypothese sowohl in die eine als auch die andere Richtung prüfen muss. Man spricht daher auch von einem zweiseitigen Test. Um bei dieser beidseitigen Prüfung das α-Fehler-Niveau auf dem vereinbarten Wert zu halten, wird in diesem Fall die Irrtumswahrscheinlichkeit auf beide Seiten der Stichprobenkennwerteverteilung »aufgeteilt« (▶ Abb. 3.3).

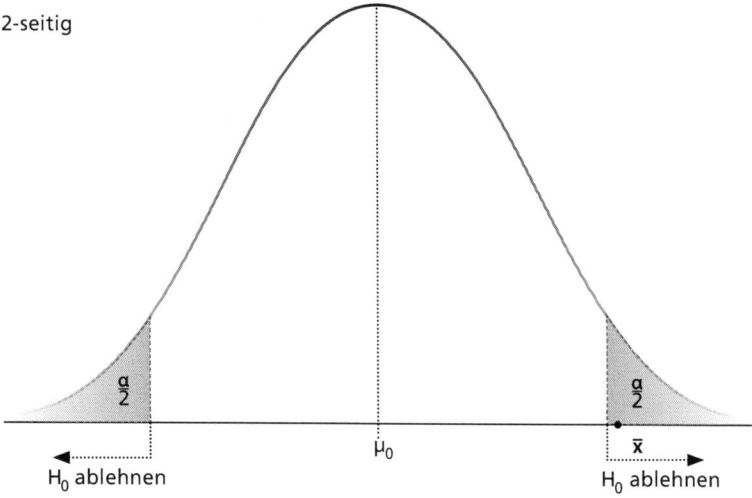

Abb. 3.3: Ablehnungsbereiche bei ungerichteter Alternativhypothese $H_1: \mu_1 \neq \mu_0$

Bei einer ungerichteten zweiseitigen Fragestellung müssen daher nicht nur eine, sondern zwei kritische Grenzen, eine obere und eine untere, berechnet werden:

$$\text{obere Grenze}: \overline{x}_{crit\left(1-\frac{\alpha}{2}\right)} = \mu_0 + z_{\left(1-\frac{\alpha}{2}\right)} \cdot s_{\overline{x}}$$

3.2 Das Prinzip der Nullhypothesenprüfung

untere Grenze : $\bar{x}_{crit\left(\frac{\alpha}{2}\right)} = \mu_0 + z_{\left(\frac{\alpha}{2}\right)} \cdot s_{\bar{x}}$

Nehmen wir zur Veranschaulichung die Frage, ob sich Psychologiestudierende in Bezug auf ihre Hilfsbereitschaft von der Normalbevölkerung unterscheiden. Wir formulieren keine Annahme, die eine bestimmte Richtung des Unterschieds vorgeben würde, sondern prüfen lediglich, ob ein wie auch immer gearteter Unterschied besteht. Wir formulieren also eine ungerichtete Alternativhypothese:

$H_1 : \mu_{Psych} \neq \mu_0 \rightarrow H_0 : \mu_{Psych} = \mu_0$

Als Signifikanzniveau legen wir α = 0,05 fest. Wir erfassen eine Stichprobe von n = 58 Psychologiestudierenden mit einem standardisierten Fragebogen zur Hilfsbereitschaft, der mit μ_0 = 50 und σ = 10 normiert ist. Der Standardfehler des Mittelwerts beträgt demnach $\sigma_{\bar{x}} = 10/\sqrt{58} = 1{,}31$. Für die Bestimmung einer oberen und unteren kritischen Grenze des Mittelwerts benötigen wir noch die kritischen z-Werte aus der Standardnormalverteilung (siehe Anhang Tab. A). Für $z_{(1-\alpha/2)}$ ermitteln wir bei dem gesetzten α-Fehler-Niveau von 5 % $z_{(1-0{,}025)} = z_{(0{,}975)} = 1{,}96$. Für $z_{(\alpha/2)}$ lautet der entsprechende Wert $z_{(\alpha/2)} = -z_{(1-\alpha/2)} = -1{,}96$.
Damit ergibt sich:

obere Grenze : $\bar{x}_{crit\left(1-\frac{\alpha}{2}\right)} = 50 + 1{,}96 \cdot 1{,}31 = 52{,}57$

untere Grenze : $\bar{x}_{crit\left(\frac{\alpha}{2}\right)} = 50 - 1{,}96 \cdot 1{,}31 = 47{,}43$

Wenn der empirisch ermittelte Stichprobenmittelwert die untere Grenze unterschreitet *oder* die obere Grenze überschreitet, wird beim zweiseitigen Test die H_0 verworfen (streng genommen reicht es schon, wenn die kritische Grenze genau erreicht wird). Im Beispiel hat sich für unsere Psychologiestudierenden ein Mittelwert von $\bar{x}$ = 53,84 ergeben. Dieser liegt oberhalb der kritischen Obergrenze und ist demnach signifikant. Wir würden die Nullhypothese verwerfen und zunächst feststellen, dass sich Psychologiestudierende in ihrer Hilfsbereitschaft bei α = 0,05 signifikant von der Allgemeinbevölkerung unterscheiden. Auch wenn wir in der Alternativhypothese im Vorfeld keine Richtung der Abweichung postuliert hatten, können wir die gefundene Richtung der Abweichung natürlich interpretieren. Konkret stellen wir eine signifikant höhere Hilfsbereitschaft fest.

Es ist mühselig, die nötigen z-Werte immer aufs Neue zu ermitteln. Daher ist es hilfreich, sich die z-Werte für die gängigen Signifikanzniveaus einzuprägen. Tabelle 3.3 präsentiert die erforderlichen z-Werte bei ein- und zweiseitiger Fragestellung für ein Signifikanzniveau von 5 % und 1 %.

Tab. 3.3: Kritische z-Werte in Abhängigkeit von Signifikanzniveau und ein- bzw. zweiseitiger Fragestellung

α-Niveau	z-Werte bei:	
	einseitigem Test	zweiseitigem Test
5 %	(+ oder −) 1,65	(±) 1,96
1 %	(+ oder −) 2,33	(±) 2,58

Neben der Signifikanzprüfung durch die Bestimmung kritischer Mittelwerte, kann man die Prüfung auch direkt über die kritischen z-Werte vornehmen. Anstatt einen kritischen Mittelwert anhand des kritischen z-Wertes zu bestimmen, nutzt man den an der Stichprobe ermittelten Mittelwert, um einen »empirischen« z-Wert zu bestimmen, der dann direkt mit den z-Grenzen aus Tabelle 3.3 abgeglichen werden kann.

Dies geschieht durch eine einfache z-Transformation des Mittelwertes. Für das eben verwendete Beispiel zur Hilfsbereitschaft ergäbe sich:

$$z = \frac{\overline{x}_1 - \mu_0}{\sigma_{\overline{x}}} = \frac{53{,}84 - 50}{1{,}31} = 2{,}93$$

Um bei einer zweiseitigen Prüfung auf dem 5 %-Niveau signifikant zu sein, müsste der empirisch ermittelte z-Wert höchstens −1,96 oder mindestens +1,96 lauten (oder kurz gesagt: stärker als ±1,96 von 0 abweichen). Dies ist offensichtlich der Fall. Der z-Wert von 2,93 liegt sogar recht deutlich über dem kritischen z-Wert von 1,96. Tatsächlich zeigt dieser sogar ein sehr

3.2 Das Prinzip der Nullhypothesenprüfung

signifikantes Ergebnis an, so dass man die H_0 auch bei Anlegen des strengeren 1%-Niveaus hätte verwerfen müssen.

Damit haben wir im Prinzip einen ersten, grundlegenden Signifikanztest kennengelernt, der für normalverteilte Kenngrößen genutzt werden kann und die folgenden Schritte umfasst:

1. Als Prüfgröße wird ein z-Wert bestimmt (Signifikanztests werden gerne nach ihrer Prüfgröße benannt → z-Test).
2. Der empirisch ermittelte z-Wert wird mit einem kritischen z-Wert aus Tabelle A verglichen, der durch das Signifikanzniveau festgelegt ist.
3. Über- bzw. unterschreitet (je nach Fragestellung) die Prüfgröße den kritischen Wert, so wird die Nullhypothese verworfen (= das Ergebnis ist signifikant).

Selbstverständlich könnten wir den empirischen z-Wert auch nutzen, um die konkrete Irrtumswahrscheinlichkeit zu bestimmen. Es ergibt sich eine sehr geringe Überschreitungswahrscheinlichkeit von $p = 1 - F(z = 2{,}93) = 1 - 0{,}9983 = 0{,}0017$. Da wir zweiseitig getestet haben und die gleiche Abweichung in negativer Richtung, also $p(z \leq -2{,}93)$, ebenfalls als relevante Abweichung verstanden hätten, verdoppeln wir den Wert und erhalten so für die Irrtumswahrscheinlichkeit insgesamt $p = 0{,}0034$. Da $p \leq 0{,}05$ finden wir auch auf diesem Weg eine signifikante Abweichung.

Es ist offensichtlich: egal, wie wir die Prüfung vornehmen, es kommen alle Varianten in Bezug auf die Beurteilung der Signifikanz zum gleichen Ergebnis. Jedes Vorgehen hat seine Vorzüge: Der direkte Abgleich mit dem kritischen z-Wert geht am schnellsten von der Hand. Die Bestimmung eines kritischen Mittelwertes ist zwar aufwendiger und umständlicher, sie hat aber den Vorteil, dass die kritische Grenze schon bestimmt werden kann, bevor man das empirische Ergebnis überhaupt kennt. Die Ermittlung der exakten Irrtumswahrscheinlichkeit wiederum erfordert zwar etwas mehr Aufwand, so muss sie etwa bei zweiseitigen Fragestellungen verdoppelt werden, im Gegenzug liefert sie dafür eine exakte Auskunft über das tatsächliche α-Fehler-Risiko.

3.3 α-Fehler, β-Fehler, Teststärke

3.3.1 Signifikanz und Wahrheit

Was bedeutet es, wenn ein Ergebnis signifikant ist? Wenn ein Stichprobenergebnis die vorher festgelegten Grenzen überschreitet, so wird die Nullhypothese verworfen und im Gegenzug die Alternativhypothese angenommen. Das bedeutet aber *nicht*, dass die Alternativhypothese richtig ist oder die Nullhypothese falsch. Genauso gilt andersherum: Wenn ein Ergebnis nicht signifikant ist, bedeutet es lediglich, dass das Ergebnis wahrscheinlich genug ist, um noch plausibel durch die H_0 erklärbar zu sein. Es bedeutet nicht, dass in Wahrheit kein Unterschied oder Zusammenhang bestünde. Es wäre aus erkenntnistheoretischer Sicht vermessen, bei Signifikanzprüfungen oder Hypothesentests von wissenschaftlichen Beweisen zu sprechen (für interessierte Leserinnen und Leser empfehlen wir Gigerenzer, 2004). Statistische Signifikanz hat etwas mit dem Abwägen von Fehler-Risiken zu tun. Selbstverständlich hoffen wir darauf, Entscheidungen so zu treffen, dass wir der Wahrheit oft möglichst nahekommen und wir sammeln wissenschaftliche Belege, mit denen Annahmen gestützt oder in Frage gestellt werden. Ob wir die Wahrheit im Einzelfall aber getroffen haben, können wir nicht sicher beurteilen.

Jede statistische Entscheidung ist mit dem Risiko behaftet, eine falsche Entscheidung zu sein. Die statistische Entscheidung stellt lediglich sicher, dass die Irrtumswahrscheinlichkeit in dem vorher gesteckten Rahmen bleibt. Vor allem die Alternativhypothese wird nur im Umkehrschluss beurteilt und erst dann angenommen, wenn die Plausibilität der Nullhypothese als zu gering eingeschätzt wird.

3.3.2 Statistische vs. praktische Signifikanz

Ein Signifikanztest sagt zunächst auch nur etwas über *statistische* Signifikanz aus. Das heißt, ein Stichprobenergebnis ist innerhalb des Geltungsraumes der Nullhypothese eben unwahrscheinlich bzw. es weicht »überzufällig« von dem ab, was man unter Geltung der Nullhypothese erwarten würde. Das bedeutet aber nicht zwingend, dass ein Unterschied auch *praktisch relevant* ist. Bei sehr großen Stichproben werden bereits sehr geringe Unterschiede statistisch signifikant, ohne dass sie von (praktischer) Bedeutung wären. Andersherum kann man mit kleinen Stichproben praktisch höchst bedeutsame Unterschiede statistisch nicht zuverlässig absichern, d.h., selbst wenn sich in der Stichprobenuntersuchung ein großer Unterschied zeigen würde, der den wahren Unterschied auch korrekt widerspiegelt, wäre das Ergebnis nicht statistisch signifikant, da es noch im zufälligen Schwankungsbereich der Nullhypothese liegt.

Zur Beurteilung der praktischen Bedeutsamkeit können sogenannte *Effektgrößen* bestimmt werden wie die Differenz zweier Mittelwerte. Man könnte z.b. fordern, dass ein »Denktraining« den IQ um mindestens 5 IQ-Punkte verbessern sollte, um praktisch relevant zu ein. Um eine bessere Vergleichbarkeit von Studien zu ermöglichen, kann man Effektgrößen standardisieren. Die standardisierte Mittelwertdifferenz erhält man z.b., indem man den Unterschied zweier Mittelwerte an der Variablenstreuung relativiert:

$$\delta = \frac{\mu_1 - \mu_2}{\sigma}$$

Man bezeichnet solche standardisierte Effektgrößen auch als »Effektstärken«. Ihr wesentlicher Vorteil ist, dass sie unabhängig vom bei der Messung verwendeten Maßstab interpretierbar sind. Jacob Cohen (1988) hat generelle Interpretationsrichtlinien für solche Effektstärken entwickelt, die er aus den in Studien typischerweise berichteten Effekten ableitete. Für die standardisierte Mittelwertdifferenz (die man aus Stichprobendaten als sogenanntes »Cohen's *d*« abschätzen kann) gelten folgende Interpretationshilfen:

- $\delta \approx 0{,}2$ → kleiner Effekt
- $\delta \approx 0{,}5$ → mittlerer Effekt
- $\delta \approx 0{,}8$ → großer Effekt

Effektgrößen benötigt man auch, um mit dem β-Fehler umgehen zu können.

3.3.3 α-Fehler und β-Fehler

Bislang haben wir uns lediglich mit der Kontrolle des α-Fehlers beschäftigt, haben also das Risiko kontrolliert, die Nullhypothese fälschlicherweise zu verwerfen. Aber natürlich sind wir auch daran interessiert, den β-Fehler zu kontrollieren, denn wir wollen ja nicht die Nullhypothese beibehalten, wenn in Wahrheit ein Unterschied besteht, sondern diesen auch identifizieren. Neyman und Pearson (1928) haben Fishers Strategie der Nullhypothesenprüfung weiterentwickelt, um auch die Gefahr eines β-Fehlers in die Hypothesenprüfung einzubeziehen.

Um den β-Fehler kontrollieren zu können, benötigt man Annahmen über die Größe des vorliegenden bzw. vermuteten Unterschieds. Während wir bei der Nullhypothesenprüfung mit unspezifischen Hypothesen arbeiten können, benötigt man zur Kontrolle des β-Fehlers genauere Annahmen über die Größe des unter der Alternativhypothese vermuteten Unterschieds (bzw. des Zusammenhangs). Es muss eine *spezifische Hypothese* formuliert werden.

Definition: Spezifische Hypothese

Von einer *spezifischen Hypothese* spricht man, wenn nicht nur postuliert wird, dass ein Unterschied oder Zusammenhang vorliegt, sondern auch eine Annahme über die Größe des postulierten Unterschieds oder Zusammenhangs konkretisiert wird.

Man kann eine spezifische Hypothese formulieren, indem man aus theoretischen Überlegungen konkret die vermutete Größe eines erwarteten Effektes ableitet. Man kann aber auch überlegen, ab welcher Effektgröße man von einem praktisch bedeutsamen Effekt sprechen würde und diese Größe für die spezifische Hypothese zugrunde legen (z.B. könnten wir es als hinreichenden Erfolg des »Denktrainings« bewerten, wenn sich eine Steigerung des durchschnittlichen IQs von mindestens 5 IQ-Punkten ergeben würde). Anstatt mit einer maßstabsabhängigen Effektgröße zu arbeiten, kann man auch mit den etwas abstrakteren Interpretationshilfen von Cohen (1988) arbeiten (z.B. könnten wir von einem mittelstarken

3.3 α-Fehler, β-Fehler, Teststärke

Effekt, also δ = 0,5, ausgehen). Eine Hypothese kann sowohl für gerichtete Fragestellungen spezifiziert sein (z.b. Steigerung der durchschnittlichen IQ-Scores um 5 Punkte) wie auch für ungerichtete Fragestellungen (z.b. ein Zusammenhang von mind. $\rho = \pm 0{,}3$).

Haben wir eine spezifische Alternativhypothese formuliert, so können wir – im Grunde genauso wie wir das bereits für die Nullhypothesenprüfung kennengelernt haben – die Irrtumswahrscheinlichkeit für den β-Fehler, das β-Fehler-Risiko, bestimmen. Der einzige Unterschied ist, dass wir uns nicht an μ_0 (also der Annahme der H_0) orientieren, sondern auf den in der spezifischen Alternativhypothese formulierten Wert für μ_1 beziehen:

$$z_\beta = \frac{\bar{x} - \mu_1}{\sigma_{\bar{x}}}$$

Zur Veranschaulichung greifen wir wieder auf das Beispiel zum »Denktraining« zurück. Wir hatten eben den Gedanken formuliert, dass wir es als einen hinreichenden Erfolg betrachten würden, wenn das Training den durchschnittlichen IQ um 5 Punkte steigern würde. Wenn in der (untrainierten) Normalbevölkerung $\mu_0 = 100$ gilt, nehmen wir per H_1 also an, dass $\mu_1 = 105$ sein solle. Am Standardfehler des Mittelwertes ($s_{\bar{x}} = 2{,}65$) und dem Mittelwert unserer Stichprobe ($\bar{x} = 104{,}80$) hat sich nichts geändert, so dass wir als z-Wert für die Bestimmung des β-Fehler-Risikos folgendes erhalten:

$$z_\beta = \frac{104{,}80 - 105}{2{,}65} = -0{,}08$$

Wir betrachten nun anhand dieses z-Wertes wie wahrscheinlich es wäre, einen Wert von $\bar{x} \leq 104{,}80$ zu erhalten, wenn die spezifische H_1 mit $\mu_1 = 105$ tatsächlich stimmen würde:

$p(z \leq -0{,}08) = F(z = -0{,}08) = 1 - F(z = 0{,}08) = 1 - 0{,}5319 = 0{,}4681$

Würde man also die Nullhypothese beibehalten, läge das β-Fehler-Risiko dieser Entscheidung bei 49 %, also recht hoch. Obwohl das tatsächlich ermittelte Stichprobenergebnis ein wenig unter dem vorgegebenen Zuwachs von mind. 5 IQ-Punkten liegt, wäre es leicht vorstellbar, dass dieses Unterschreiten von μ_1 lediglich per Zufall bedingt ist. Da wir parallel bei der Prüfung der H_0 eine geringe Irrtumswahrscheinlichkeit festgestellt haben, fällt uns das Verwerfen der H_0 zugunsten der H_1 nicht schwer.

Wie schon beim α-Fehler müssen wir den β-Fehler je nach Alternativhypothese in die eine oder andere Richtung absichern: bei H_1: $\mu_1 > \mu_0 \rightarrow z_\beta$; bei H_1: $\mu_1 < \mu_0 \rightarrow z_{1-\beta}$.

α-Fehler und β-Fehler stehen in gegenseitigem Zusammenhang: Je niedriger man das α-Fehler-Niveau ansetzt, desto größer ist die Gefahr eines β-Fehlers und vice versa. Abbildung 3.4 veranschaulicht dies. Laut H_0 gehen wir davon aus, dass es keinen Unterschied gibt, d. h. $\mu_1 = \mu_0$. Die linke Verteilung ist also die Verteilung der Mittelwerte, die wir bei Gültigkeit der H_0 erhalten würden. Wenn $\mu_1 \neq \mu_0$ ist (bzw. eine spezifische Alternativhypothese formuliert wurde), können wir auch die Verteilung der Mittelwerte unter Gültigkeit der H_1 modellieren und überprüfen. In Abbildung 3.4 ist dies für den Fall, dass $\mu_1 > \mu_0$ ist, dargestellt. Die H_1-Verteilung ist hier die rechte Verteilung (bei $\mu_1 < \mu_0$ würde die H_1-Verteilung links von der H_0-Verteilung liegen). Auf dieser Basis können wir für einen ermittelten Stichprobenmittelwert das α- und das β-Fehler-Risiko abschätzen und gegeneinander abwägen. Je näher $\bar{x}$ bei μ_1 liegt, desto geringer ist das α-Fehler-Risiko beim Verwerfen der H_0 und desto höher ist das β-Fehler-Risiko beim Verwerfen der H_1 und umgekehrt. Legt man ein bestimmtes Signifikanzniveau für α fest, so fixiert man damit auch das β-Fehler-Niveau. Mit einer Verkleinerung des α-Fehlerbereichs geht automatisch eine Vergrößerung des β-Fehlerbereichs einher (und vice versa). Die beiden Fehlerarten sind fest verknüpft. Lege ich z. B. ein sehr geringes Signifikanzniveau für den α-Fehler fest, so resultiert daraus automatisch ein höheres β-Fehler-Risiko.

Bei der Festlegung des β-Fehler-Niveaus (bzw. der gewünschten Teststärke; ► Kap. 3.3.4) gibt es weniger klare Konventionen und man macht die Festlegung stärker von inhaltlichen Erwägungen abhängig. In der Regel werden α- und β-Fehler-Niveau aber im Verbund miteinander festgelegt, wobei das α-Fehler-Risiko in der Regel stärker kontrolliert wird als das β-Fehler-Risiko.

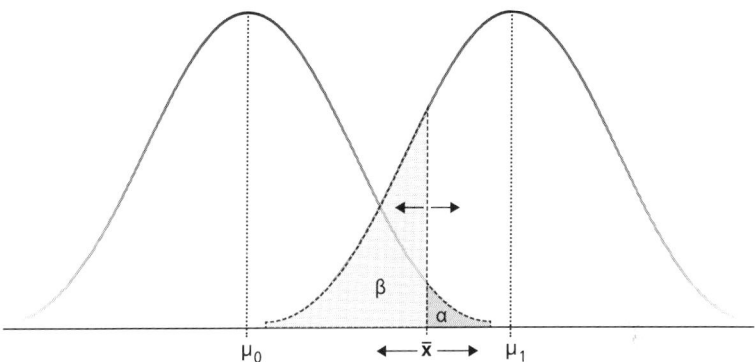

Abb. 3.4: Wechselseitige Abhängigkeit von α- und β-Fehler

Eine sehr typische Festlegung der Fehler-Risiken ist α = 0,05 und β = 0,20. Es hilft übrigens nicht, allein die Fehler-Risiken festzulegen. Die Untersuchungsbedingungen müssen auch geeignet sein, um diese Fehlerkontrolle zu ermöglichen. Wir werden darauf weiter unten noch zurückkommen. Grundsätzlich gilt aber natürlich, dass Fehler, gleich welcher Art, vermieden werden sollen und je eher die Untersuchungsanlage geringe Fehler-Risiken ermöglicht, desto besser.

3.3.4 Teststärke

Die β-Fehler-Wahrscheinlichkeit gibt das Risiko an, sich bei einer Signifikanzprüfung trotz der Korrektheit der spezifischen Alternativhypothese fälschlicherweise für die Nullhypothese zu entscheiden. Im Umkehrschluss gibt 1–β an, wie wahrscheinlich es ist, sich in diesem Fall korrekterweise für die Alternativhypothese zu entscheiden. Dies nennt man Teststärke oder die »Power« eines Tests.

3 Grundlagen der statistischen Hypothesenprüfung

> **Definition: Teststärke**
>
> Die Teststärke (englisch: statistical power) gibt an, mit welcher Wahrscheinlichkeit ein Signifikanztest zugunsten einer spezifischen Alternativhypothese entscheidet, wenn diese korrekt ist.

Die Teststärke ist also auch ein Maß dafür, wie wahrscheinlich es ist, einen tatsächlich vorhandenen Unterschied bestimmter Größe bei einer statistischen Prüfung aufzudecken.

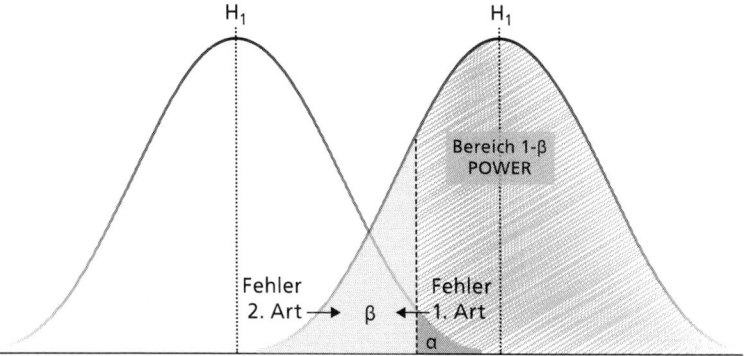

Abb. 3.5: Signifikanztest nach Neyman und Pearson (1928)

Auf folgende Weise lässt sich ermitteln, wie hoch der β-Fehler bzw. die Teststärke bei einem Signifikanztest bei einem festgelegten α-Fehler-Niveau ist:

$$z_\beta = \frac{\overline{x}_{crit(1-\alpha)} - \mu_1}{s_{\overline{x}}}$$

Diese Formel gilt für einen einseitigen Test mit $H_1: \mu_1 > \mu_0$. Bei Prüfung in die Gegenrichtung ($H_1: \mu_1 < \mu_0$) ermitteln wir auf die gleiche Weise $z_{(1-\beta)}$ unter Rückgriff auf $\overline{x}_{crit(\alpha)}$.

Die Ermittlung über den kritischen Mittelwert ist recht aufwendig, wenn dieser erst bestimmt werden muss. Eine direktere Bestimmung ist auf Basis des kritischen z-Wertes und der standardisierten Mittelwertdifferenz möglich. Diese Formel ist außerdem nützlich, wenn die Spezifizierung des Effekts nicht mit einer konkreten Parameterangabe zu μ_1 erfolgt, sondern unter Rückgriff auf die abstraktere Effektstärke δ:

$$z_\beta = z_{(1-\alpha)} - \sqrt{n} \cdot \delta$$

Auch hier ermitteln wir im gegengerichteten Fall der Alternativhypothese $z_{(1-\beta)}$ unter Rückgriff auf z_α.

> **Beispiel zur Bestimmung der kritischen Grenze bei der Nullhypothesenprüfung, der Effektstärke sowie der Teststärke**
>
> 25 zufällig ausgewählte Grundschüler der 3. und 4. Klassen absolvieren ein Training zur Förderung der Leseleistungen. Die Leseleistung wird im Anschluss mit einem standardisierten und normierten Lesetest erfasst. Es soll überprüft werden, ob die Leseleistung nach dem Training über der Norm ($\mu = 50$, $\sigma = 10$) liegt ($\alpha = 0{,}05$).
>
> Welche Teststärke würde man bei dieser Prüfung erzielen, wenn das Training verspricht, die Lesefähigkeit um 4 Punkte zu steigern?

Berechnung

Es handelt sich um eine gerichtete, spezifische Hypothese:

$H_1 : \mu_1 \geq 54;\ H_0 : \mu_1 \leq \mu_0$

Die Ermittlung der Teststärke kann entweder a) über die Bestimmung des bei der H_0-Prüfung anzulegenden kritischen Mittelwertes erfolgen oder b) mit Hilfe der Effektstärke, die man aus der H_1 ableiten kann. Wir wollen im Folgenden beide Wege demonstrieren.

a) Ermittlung des kritischen Mittelwertes
   Wir benötigen dazu den Standardfehler des Mittelwertes:

$$s_{\bar{x}} = \frac{\sigma}{\sqrt{n}} = \frac{10}{\sqrt{25}} = 2{,}00$$

Als kritische Grenze für den Mittelwert der trainierten Schüler ermitteln wir bei $\alpha = 0{,}05$ nun:

$$\bar{x}_{crit(1-0,05)} = \mu_0 + z_{(0,95)} \cdot s_{\bar{x}}$$
$$= 50 + 1{,}65 \cdot 2{,}00 = 53{,}30$$

Nun können wir zunächst den Wert für z_β bestimmen und anhand der Standardnormalverteilung die entsprechende Wahrscheinlichkeit für den β-Fehler und dann die Teststärke (1-β) ermitteln.

$$z_\beta = \frac{\bar{x}_{crit(1-\alpha)} - \mu_1}{\sigma_{\bar{x}}} = \frac{53{,}30 - 54}{2{,}00} = -0{,}35$$

Mit Hilfe von Tabelle A im Anhang bestimmen wir:

$$p(z \leq -0{,}35) = 1 - p(z \leq +0{,}35) = 1 - 0{,}6368 = 0{,}3632$$

Die Teststärke ergibt sich wiederum als Gegenwahrscheinlichkeit zum β-Fehler, beträgt dann also wieder 1 − 0,3632 = 0,6368. Es hätte natürlich gereicht, gleich $p(z > -0{,}35) = p(z \leq +0{,}35)$ zu bestimmen. Mit knapp 64 % erzielen wir eine solide, aber weniger gute Power als man sich das wünschen würde.

b) Ermittlung der Teststärke über die Effektstärke δ
Etwas einfacher erfolgt die Ermittlung der Teststärke im vorliegenden Beispiel, wenn man die spezifische Hypothese in die Effektstärke δ übersetzt:

$$\delta = \frac{\mu_1 - \mu_2}{\sigma} = \frac{54 - 50}{10} = 0{,}40$$

3.3 α-Fehler, β-Fehler, Teststärke

Nun benötigen wir lediglich den kritischen z-Wert beim gesetzten α-Fehler-Niveau, in unserem Fall als $z_{1-\alpha} = z_{0,95} = 1{,}65$, sowie die Stichprobengröße:

$$z_\beta = z_{(1-\alpha)} - \sqrt{n} \cdot \delta = 1{,}65 - \sqrt{25} \cdot 0{,}40 = -0{,}35$$

Der ermittelte z-Wert entspricht natürlich dem zuvor bestimmten (in der Praxis kann es dabei in Folge von Rundungsungenauigkeiten auch mal zu kleinen Unterschieden der beiden Lösungswege kommen). Die daraus zu ermittelnde β-Fehlerwahrscheinlichkeit und die Power sind dementsprechend ebenfalls identisch.

Die Höhe der Teststärke hängt von einer Reihe von Faktoren ab:

- α-Fehler-Niveau
  Je höher das Signifikanzniveau gewählt wird, desto höher ist die Teststärke (dafür ist natürlich die Gefahr eines α-Fehlers höher).
- Einseitiger vs. zweiseitiger Test
  Bei einem einseitigen Test ist die Teststärke höher. Wenn man gute Argumente für eine gerichtete Alternativhypothese hat, wirkt sich das also positiv aus.
- Effektgröße
  Je größer die zugrunde liegende Effektgröße ist (beim Mittelwertvergleich also die Differenz $\mu_1 - \mu_0$), desto größer ist die Teststärke.
- Merkmalsstreuung
  Mit wachsender Merkmalsstreuung sinkt die Teststärke. Je stärker das Merkmal streut, desto stärker streut auch die Stichprobenkennwerteverteilung, auf deren Grundlage die Überzufälligkeit der Abweichungen beurteilt wird.
- Stichprobengröße
  Je größer die Stichprobe, desto größer die Teststärke. Der Grund hierfür liegt wiederum im Einfluss der Stichprobengröße auf den Standardfehler, der mit zunehmender Stichprobengröße kleiner wird.

3.3.5 Optimale Stichprobengröße

Wenn man neben dem α-Fehler-Niveau auch einen festen Wert für das β-Fehler-Niveau festlegt, kann es zu Ergebnissen kommen, bei denen weder H_0 noch H_1 verworfen werden kann (▶ Abb. 3.6) oder sowohl H_0 als auch H_1 verworfen werden müssen. Solche Ergebnisse liegen im *Indifferenzbereich*. In beiden Fällen kann nicht eindeutig zwischen den konkurrierenden Hypothesen entschieden werden.

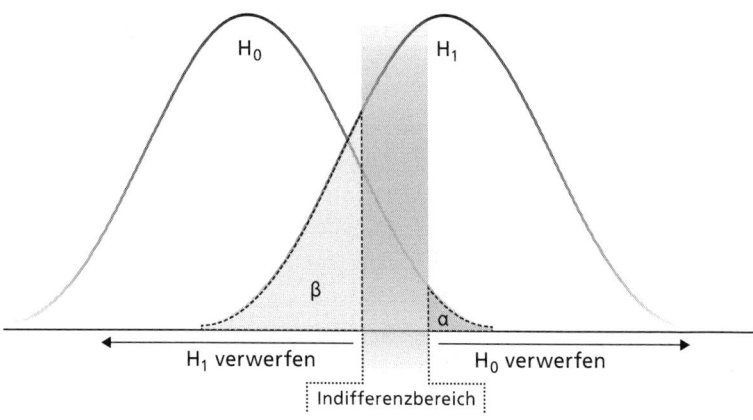

Abb. 3.6: Indifferenzbereich zwischen α- und β-Fläche

Durch das gegenseitige Abstimmen der Komponenten α, β, δ und *n* lassen sich Indifferenzbereiche vermeiden, um eine eindeutige Entscheidung bei angemessener Fehlerkontrolle zu ermöglichen (▶ Abb. 3.7).

α, β und δ sind letztlich im Rahmen inhaltlich-theoretischer Überlegungen festzulegen. Man muss sich fragen, welche Fehler-Risiken in Kauf genommen werden sollen, und welche Teststärke man erreichen möchte (Festlegung der α- und β-Fehler-Niveaus). Auch welcher Effekt zu erwarten ist oder ab welchem Effekt man dem Ergebnis eine praktische Bedeutsamkeit zugestehen will, ist inhaltlich zu begründen (Festlegung der Effektgröße δ). Die einzig »freie« Stellschraube ist daher die Stichprobengröße *n*. Unter Berücksichtigung der dargestellten Zusammenhänge, lässt sich die optimale Stichprobengröße für den z-Test bestimmen:

3.3 α-Fehler, β-Fehler, Teststärke

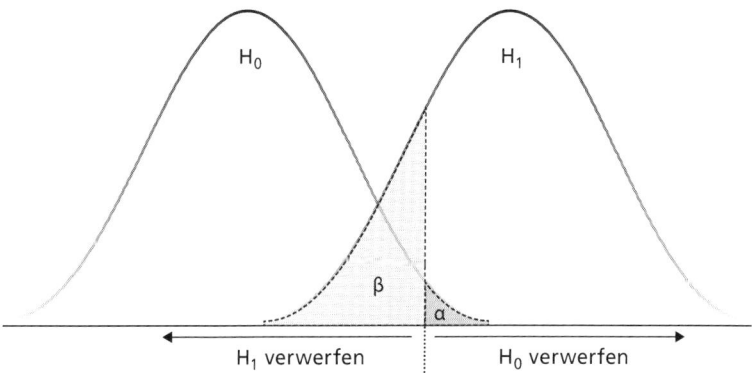

Abb. 3.7: Vermeidung von Indifferenzbereichen

$$n = \left(\frac{z_{1-\alpha} - z_{\beta}}{\delta}\right)^2$$

Ist die Stichprobengröße in diesem Sinne »optimal«, so kommt man bei der Nullhypothesenprüfung automatisch zu einer Entscheidung, die sowohl den α- als auch den β-Fehler in den gesteckten Grenzen hält. »Optimal« bedeutet in diesem Zusammenhang lediglich, dass die Stichprobe genau die richtige Größe hat, um bei gegebenem α- und β-Fehler-Risiko eine eindeutige Entscheidung zwischen H_0 und H_1 zu treffen und eine Entscheidungskonstellation zu ermöglichen, wie sie in Abbildung 3.7 dargestellt ist. Grundsätzlich gilt trotzdem: Je größer eine Stichprobe, desto besser sind die zugehörigen Schätzungen, d. h., eine größere Stichprobe ist immer »besser«, denn bei größerer Stichprobe würde sich die Teststärke erhöhen oder man könnte das α-Fehler-Niveau weiter verringern, ohne an Teststärke zu verlieren.

Beispiel

Greifen wir noch einmal auf unser Beispiel zum Lesetraining mit den Grundschülern zurück und stellen uns die Frage, wie viele Schüler wir

> hätten trainieren müssen, um einen Effekt von $\mu_1 = 54$ bei $\alpha = 0{,}05$ mit einer Power von 80 % (also $\beta = 0{,}20$) abzusichern.

Berechnung

Wir sichern den α-Fehlerbereich »nach rechts« ab, da H_0: $\mu_1 \le \mu_0$, also mit $z_{(1-\alpha)} = z_{0,95} = 1{,}65$ (▶ Tab. 3.3 bzw. Anhang Tab. A).

Den β-Fehler sichern wir dementsprechend in die Gegenrichtung ab, suchen also den z-Wert z_β, der »von links« 20 % der Fläche abschneidet. Die Standardnormalverteilung ist nur rechtsseitig (also für Flächenanteile $\ge$ 50 %) tabelliert, sie ist aber symmetrisch, so dass $z_{0,20} = -z_{0,80}$ gilt. Wir suchen also in den tabellierten Flächenanteilen den Wert »0,80« bzw. einen möglichst nahe daran liegenden Wert (im Zweifel eher einen etwas niedrigeren Wert, um das von uns festgesetzte Fehler-Niveau eher zu unter- als zu überschreiten). Mit »0,7995« finden wir den fast perfekt passenden Flächenanteil bei $z = 0{,}84$ (z-Wert bei Zeile 0,8 und Spalte 0,04). Dies ist $z_{0,80}$
$\rightarrow z_{0,20} = -z_{0,80} = -0{,}84$.

Für den in H_1 spezifizierten Effekt hatten wir bereits zuvor eine Effektstärke von $\delta = 0{,}40$ ermittelt.

Auf Basis dieser Angaben können wir die erforderliche Stichprobengröße bestimmen:

$$n = \left(\frac{z_{1-\alpha} - z_\beta}{\delta}\right)^2 = \left(\frac{1{,}65 - (-0{,}84)}{0{,}40}\right)^2 = 38{,}75$$

Um den erwarteten Effekt auf dem 5 %-Niveau und einer Teststärke von 80 % abzusichern, hätte man also 39 Schüler benötigt. Es ergibt Sinn, diese »optimale« Stichprobengröße als Mindestgröße der zu rekrutierenden Stichprobe zu verstehen. Mit jedem Probanden, der darüber hinausgeht, würde man lediglich die Teststärke verbessern, ohne an Genauigkeit bezüglich des α-Fehlers zu verlieren.

4 Prüfung von Unterschiedshypothesen

Lernziele

In diesem Kapitel werden grundlegende statistische Verfahren zur Überprüfung von Unterschiedshypothesen vorgestellt. In der Regel hat man zwei Stichproben und vergleicht diese hinsichtlich der Unterschiedlichkeit statistischer Kennwerte, wie z. B. den Mittelwerten oder der Varianzen. Es ist auch möglich einen Stichprobenkennwert mit einem vorgegebenen Populationsparameter (z. B. μ) zu vergleichen; dieser Fall ist allerdings seltener.

Angenommen, man will den Konsum von sozialen Medien bei Mädchen und Jungen vergleichen. Man geht davon aus, dass Mädchen signifikant mehr Zeit mit sozialen Medien verbringen. In einer Stichprobe von Jungen ermittelt man eine durchschnittliche Nutzungszeit von 3,5 Stunden und in einer Mädchenstichprobe einen Mittelwert von 4,2 Stunden. Kann man aufgrund dieses Ergebnisses behaupten, dass die Hypothese richtig sei? In den vorangegangenen Kapiteln haben wir gesehen, dass Stichprobenkennwerte zufallsbedingten Schwankungen unterliegen. Wie verschieden müssten die Mittelwerte denn sein, damit man von einem überzufälligen Unterschied sprechen kann? Dürfen wir überhaupt eine Differenz von Stichprobenmittelwerten heranziehen, um über Differenzen in unterschiedlichen Populationen zu sprechen? Solche Fragen werden in diesem Kapitel beantwortet.

Die hier besprochenen statistischen Tests unterscheiden sich in Abhängigkeit von den betrachteten Kennwerten (z. B. Mittelwerte oder Varianzen), ob ein oder zwei Stichproben vorliegen sowie vom Skalenniveau der betroffenen Variablen. Zusätzlich müssen bei statistischen Verfahren für intervallskalierte Variablen bestimmte Verteilungsvoraussetzungen erfüllt sein (z. B. Annahme der Normalverteilung einer Variablen). In Kapitel 5 werden wir mit der Varianzanalyse ein Verfahren kennenlernen, das Mittelwertvergleiche bei mehr als zwei Stichproben ermöglicht und in Kapitel 6 wird es in Ergänzung der Überprüfung von Unterschiedshypothesen um die Prüfung von Zusammenhangshypothesen gehen.

4.1 Prüfung von Mittelwertunterschieden: *t*-Tests

Mit *t*-Tests lassen sich Hypothesen über Mittelwertunterschiede zweier Grundgesamtheiten prüfen. Der Name ergibt sich daraus, dass bei den Tests als Prüfverteilung die sogenannte *t*-Verteilung zugrunde gelegt wird.

Wenn die Standardfehler nicht über die Stichprobendaten geschätzt werden müssen, sondern bei bekannter Populationsvarianz direkt bestimmt werden können, kann die Prüfung über die Normalverteilung erfolgen. Diesen Fall, den sogenannten z-Test, haben wir im vorhergehenden Kapitel ausführlich besprochen, um die Prinzipien der Hypothesenprüfung zu veranschaulichen. In der Forschungspraxis findet man diese Situation aber kaum vor.

4.1.1 Ein-Stichproben-*t*-Test

Fragestellung

Mit dem Ein-Stichproben-*t*-Test wird die Frage beantwortet, ob der Mittelwert einer erhobenen Stichprobe zu einer Grundgesamtheit mit dem Parameter μ gehört.

4.1 Prüfung von Mittelwertunterschieden: *t*-Tests

Beispiel

In einer Studie wurde in einer Stichprobe von $n = 39$ Studierenden deren Leistungsniveau im Vergleich zu einem durchschnittlichen Studierenden mittels einer 7-stufigen Rating-Skala erfasst. Es soll überprüft werden, ob die Probanden ihr Leistungsniveau systematisch positiver oder negativer einschätzen – die durchschnittliche Einschätzung also systematisch von der Skalenmitte ($\mu = 4$) abweicht, die einen durchschnittlich leistungsfähigen Studierenden repräsentieren müsste. Als α-Fehler-Niveau wird 0,05 gewählt.

Ihr relatives Leistungsniveau wird von den befragten Studierenden im Durchschnitt mit $\bar{x} = 4{,}91$ mit einer Standardabweichung von $s = 2{,}06$ eingeschätzt.

Hypothesen

Die zu prüfenden Hypothesen stellen einen vorgegebenen Populationsmittelwert (μ_0) dem Mittelwert der Population gegenüber, aus der die Stichprobe gezogen wurde (μ_1). Die Alternativhypothese (H_1) nimmt einen Unterschied an und kann gerichtet oder ungerichtet formuliert sein. Die Nullhypothese (H_0) ergibt sich als Gegenhypothese, d.h., sie negiert den Unterschied bzw. schließt bei gerichteter Alternativhypothese auch die Gegenrichtung der Unterschiede ein (▶ Tab. 4.1).

Tab. 4.1: Hypothesen des Ein-Stichproben-*t*-Tests

H_1	H_0
$\mu_1 > \mu_0$	$\mu_1 \leq \mu_0$
$\mu_1 \neq \mu_0$	$\mu_1 = \mu_0$
$\mu_1 < \mu_0$	$\mu_1 \geq \mu_0$

4 Prüfung von Unterschiedshypothesen

Im Beispiel soll geprüft werden, ob sich Studierende von der Skalenmitte unterscheiden. Es handelt sich demnach um eine ungerichtete Hypothese. Die statistische Alternativhypothese lautet H_1: $\mu_1 \neq \mu_0$; die korrespondierende Nullhypothese H_0: $\mu_1 = \mu_0$ (▶ Tab. 4.1).

Bestimmung der Prüfgröße

Die Formel des t-Tests funktioniert nach dem Standardprinzip zur Berechnung von statistischen Prüfgrößen: Man berechnet eine Differenz zwischen zu prüfendem Kennwert und laut H_0 postuliertem Populationsparameter, hier die Differenz zwischen dem Mittelwert der Stichprobe und Populationsmittelwert μ_0. Anschließend relativiert man diese Differenz am Standardfehler des betreffenden Kennwertes, im Falle des Mittelwertvergleichs also am Standardfehler des Mittelwertes.

Die Prüfgröße lautet demnach:

$$t_{df} = \frac{\overline{x} - \mu_0}{s_{\overline{x}}} \; mit \; df = n - 1$$

Für unser Beispiel ergibt sich folgender t-Wert (zur Bedeutung von Freiheitsgraden: ▶ Kap. 2.2.2):

$$s_{\overline{x}} = \frac{2{,}06}{\sqrt{39}} = 0{,}33$$

$$t_9 = \frac{4{,}91 - 4}{0{,}33} = 2{,}76$$

Entscheidung

Um über die Nullhypothese zu entscheiden, ziehen wir die t-Verteilung mit den entsprechenden Freiheitsgraden heran (siehe Anhang Tab. B). Der empirische t-Wert wird mit dem kritischen t-Wert abgeglichen, der je nach Fragestellung und Signifikanzniveau aus der Tabelle abzulesen ist:

- für H_1: $\mu_1 > \mu_0$: $t_{krit} = t_{(df;\ 1-\alpha)}$
- für H_1: $\mu_1 < \mu_0$: $t_{krit} = t_{(df;\ \alpha)} = -t_{(df;\ 1-\alpha)}$
- für H_1: $\mu_1 \neq \mu_0$: $t_{krit} = \pm t_{(df;\ 1-\alpha/2)}$

Wenn der empirische t-Wert den kritischen t-Wert erreicht oder (je nach Fragestellung) über- bzw. unterschreitet (also extremer als t_{krit} liegt), wird die Nullhypothese verworfen. Andernfalls wird die Nullhypothese beibehalten und das Stichprobenergebnis als im Rahmen der Zufallsfluktuation zu erwarten eingeschätzt.

Im Beispiel handelt es sich um eine zweiseitige Fragestellung mit $\alpha = 0{,}05$. Wir schauen also in der Zeile, in der die t-Verteilung mit $df = n - 1 = 38$ tabelliert ist, in der Spalte mit dem Flächenanteil $0{,}975 (1-\alpha/2)$ nach und ermitteln den kritischen t-Wert: $t_{krit} = t_{(38;\ 0{,}975)} = 2{,}024$. Der empirisch erzielte t-Wert ist in der Tat extremer als der kritische Wert, so dass die H_0 verworfen wird. Der Stichprobenmittelwert unterscheidet sich signifikant von der Skalenmitte. Wir gehen daher davon aus, dass die Stichprobe nicht einer Population mit $\mu = 4$ entstammt, sondern sich als überdurchschnittlich leistungsfähig wahrnimmt.

Voraussetzungen

Für alle t-Tests gilt, dass sie intervallskalierte Messungen erfordern. Außerdem liefern sie nur unter bestimmten Verteilungsvoraussetzungen korrekte Ergebnisse (es handelt sich um sogenannte parametrische Testverfahren). Konkret muss die betrachtete Variable in der Population normalverteilt sein. Die Normalverteilungsvoraussetzung kann auch inferenzstatistisch geprüft werden (▶ Kap. 4.3). Bei größeren Stichproben (Faustregel: $n \geq 30$) greift aber das *zentrale Grenzwerttheorem* (▶ Kap. 1.4), so dass auch bei nicht normalverteilten Variablen ein t-Test durchgeführt werden kann.

Für unser Beispiel können die Voraussetzungen als erfüllt erachtet werden: Intelligenz gilt als normalverteilte Variable und die Messung über Intelligenztests liefert intervallskalierte Messwerte.

4.1.2 t-Test für unabhängige Stichproben

Fragestellung

Der t-Test für unabhängige Stichproben untersucht, ob die Mittelwerte zweier Stichproben aus Populationen mit identischen Parametern μ_1 und μ_2 stammen.

Beispiel

Die Studierenden des Seminars »Praktikum der Feldforschung« des Dozenten M.S. interessieren sich dafür, ob Studierende ohne feste Beziehung bei ihren nächtlichen Kneipentouren ein stärkeres Flirtverhalten an den Tag legen als Studierende in fester Beziehung. Hierzu untersuchen sie zwei Gruppen mit je 12 Studierenden. Das Flirtverhalten wird auf einer 10-stufigen Ratingskala (Intervallskalierung) erfasst (Daten: ▶ Tab. 4.2)

Tab. 4.2: Datenbeispiel zum Flirtverhalten von Studierenden (t-Test für unabhängige Stichproben)

Ohne feste Beziehung	9, 10, 6, 4, 5, 2, 9, 9, 4, 5, 1, 10
Mit fester Beziehung	4, 5, 6, 7, 8, 9, 2, 1, 8, 8, 9, 5

Hypothesen

Geprüft wird die Differenz der Mittelwerte, daher betrachten wir für die statistischen Hypothesen die Differenz »$\mu_1 - \mu_2$«. Es können sowohl gerichtete als auch ungerichtete Alternativhypothesen geprüft werden. Die korrespondierende Nullhypothese ergibt sich wiederum komplementär dazu (▶ Tab. 4.3).

Tab. 4.3: Statistische Hypothesen des t-Tests für unabhängige Stichproben

H_1	H_0
$\mu_1 - \mu_2 > 0$	$\mu_1 - \mu_2 \leq 0$
$\mu_1 - \mu_2 \neq 0$	$\mu_1 - \mu_2 = 0$
$\mu_1 - \mu_2 < 0$	$\mu_1 - \mu_2 \geq 0$

Im Beispiel war davon ausgegangen worden, dass Studierende ohne feste Beziehung (»ohne«) mehr flirten als Studierende, die in einer festen Beziehung (»mit«) sind. Es handelt sich also um eine gerichtete Fragestellung. Die Hypothesen lauten demnach H_1: $\mu_{ohne} - \mu_{mit} > 0$ und H_0: $\mu_{ohne} - \mu_{mit} \leq 0$.

Standardfehler der Differenz von Mittelwerten

Die Formulierung »$\mu_1 - \mu_2 = 0$« ist natürlich inhaltlich äquivalent zu »$\mu_1 = \mu_2$«. Die Nullhypothese besagt also letztlich, dass die beiden Mittelwerte aus Populationen mit identischen Parametern stammen. Dass sich die statistische Hypothese auf die Differenz der Mittelwerte bezieht, hat damit zu tun, dass wir uns auch bei der Prüfung auf die Verteilung der Differenz von Mittelwerten beziehen müssen und nicht direkt auf die Verteilung der Mittelwerte der beiden Populationen. Diese allerdings gehen mittelbar in den Standardfehler der Differenz von Mittelwerten ein:

$$\sigma_{\bar{x}_1 - \bar{x}_2} = \sqrt{\sigma_{\bar{x}_1}^2 + \sigma_{\bar{x}_2}^2} = \sqrt{\frac{\sigma_1^2}{n_1} + \frac{\sigma_2^2}{n_2}}$$

Wenn die Varianz in den beiden Populationen identisch ist, vereinfacht sich die Bestimmung des Standardfehlers der Differenz von Mittelwerten zu:

$$\sigma_{\bar{x}_1 - \bar{x}_2} = \sqrt{\sigma^2 \left(\frac{1}{n_1} + \frac{1}{n_2}\right)}$$

4 Prüfung von Unterschiedshypothesen

In der Regel sind die Populationsvarianzen nicht bekannt, sondern müssen aus den Stichprobendaten geschätzt werden. Unter der Annahme identischer Populationsvarianzen führt man die Stichprobenvarianzen zu einer gepoolten Stichprobenvarianz (s_p^2) zusammen. Es erfolgt sozusagen eine gemittelte Schätzung der gemeinsamen Populationsvarianz unter Rückgriff auf die beiden Stichproben:

$$s_{\bar{x}_1-\bar{x}_2} = \sqrt{s_p^2 \cdot \left(\frac{1}{n_1} + \frac{1}{n_2}\right)} =$$

$$\sqrt{\frac{(n_1-1) \cdot s_1^2 + (n_2-1) \cdot s_2^2}{(n_1-1) + (n_2-1)} \cdot \left(\frac{1}{n_1} + \frac{1}{n_2}\right)}$$

Falls die Homogenität der Populationsvarianzen nicht angenommen werden kann, sollte man auf eine alternative Variante des t-Tests für unabhängige Stichproben zurückgreifen, die das korrigiert (Welch-Test; s. u.). In beiden Fällen vereinfacht sich die Bestimmung, wenn die beiden Stichproben gleich groß sind:

$$s_{\bar{x}_1-\bar{x}_2} = \sqrt{\frac{s_1^2 + s_2^2}{n_{Gruppengröße}}}$$

Im Datenbeispiel ist dieser Fall gegeben: $n_{ohne} = n_{mit} = 12$. Wir ermitteln die Stichprobenvarianzen für beide Gruppen: $s_{ohne}^2 = 9{,}97$ und $s_{mit}^2 = 7{,}09$. Für den Standardfehler der Differenz von Mittelwerten schätzen wir also:

$$s_{\bar{x}_1-\bar{x}_2} = \sqrt{\frac{9{,}97 + 7{,}09}{12}} = 1{,}19$$

Man kann den Standardfehler auch direkt aus den Ausgangsdaten bestimmen:

$$s_{\bar{x}_1-\bar{x}_2} = \sqrt{\frac{\sum_{i=1}^{n_1} x_{i1}^2 - \frac{\left(\sum_{i=1}^{n_1} x_{i1}\right)^2}{n_1} + \sum_{i=1}^{n_2} x_{i2}^2 - \frac{\left(\sum_{i=1}^{n_2} x_{i2}\right)^2}{n_2}}{(n_1-1) + (n_2-1)} \cdot \left(\frac{1}{n_1} + \frac{1}{n_2}\right)}$$

4.1 Prüfung von Mittelwertunterschieden: t-Tests

Auf den ersten Blick mag die Formal etwas angsteinflößend wirken, aber belegt man sie mit Daten, so verliert sie schnell ihren Schrecken. Wir wollen unser Beispiel bemühen und finden dort für die Studierenden ohne feste Beziehung folgende Summen: $\sum_{i=1}^{12} x_{i1} = 74$ und $\sum_{i=1}^{12} x_{i1}^2 = 566$. Für die Studierenden mit fester Beziehung lauten die Summen: $\sum_{i=1}^{12} x_{i2} = 72$ und $\sum_{i=1}^{12} x_{i2}^2 = 510$.

Als Standardfehler der Differenz von Mittelwerten erhalten wir damit:

$$s_{\bar{x}_1 - \bar{x}_2} = \sqrt{\frac{566 - \frac{(74)^2}{12} + 510 - \frac{(72)^2}{12}}{(12-1) + (12-1)} \cdot \left(\frac{1}{12} + \frac{1}{12}\right)} = 1{,}19$$

Das ist natürlich das gleiche Ergebnis wie zuvor, da die Formeln mathematisch äquivalent sind. Ergebnisunterschiede können sich gegebenenfalls durch Rundungsungenauigkeiten ergeben, wenn man auf vorliegende, gerundete Stichprobenvarianzen zurückgreift.

Berechnung der Prüfgröße

Die Bestimmung des empirischen t-Werts erfolgt, indem man die Mittelwertdifferenz der Stichproben am Standardfehler relativiert. Dieser t-Wert hat $df = n_1 + n_2 - 2$ Freiheitsgrade.

$$t_{df} = \frac{\bar{x}_1 - \bar{x}_2}{s_{\bar{x}_1 - \bar{x}_2}}$$

Für die Beispieldaten ermitteln wir folgende Mittelwerte: $\bar{x}_{ohne} = 6{,}17$ und $\bar{x}_{mit} = 6{,}00$. Mit dem bereits ermittelten Standardfehler von $s_{\bar{x}_1 - \bar{x}_2} = 1{,}19$ ergibt sich somit bei $df = 22$:

$$t_{22} = \frac{6{,}17 - 6{,}00}{1{,}19} = 0{,}14.$$

4 Prüfung von Unterschiedshypothesen

Entscheidung

Wie schon beim Ein-Stichproben-t-Test greifen wir auf die t-Verteilung mit den entsprechenden Freiheitsgraden zurück (siehe Anhang Tab. B). Je nach Richtung der Fragestellung ergeben sich folgende kritische Werte:

- für H_1: $\mu_1 - \mu_2 > 0$: $t_{krit} = t_{(df;\ 1-\alpha)}$
- für H_1: $\mu_1 - \mu_2 < 0$: $t_{krit} = t_{(df;\ \alpha)} = -t_{(df;\ 1-\alpha)}$
- für H_1: $\mu_1 - \mu_2 \neq 0$: $t_{krit} = \pm t_{(df;\ 1-\alpha/2)}$

Wenn der empirische t-Wert den kritischen t-Wert erreicht oder (je nach Fragestellung) über- bzw. unterschreitet (also extremer als t_{krit} liegt), wird die Nullhypothese verworfen.

Im Datenbeispiel ermitteln wir in Tabelle B in der t-Verteilung mit $df = 22$ beim Flächenanteil $1 - \alpha = 0{,}95$ einen kritischen t-Wert von $t_{(df=22;\ 0,95)} = 1{,}717$. Wir behalten die H_0 also bei. Die Studierenden mit bzw. ohne feste Beziehung unterscheiden sich nicht signifikant im Flirtverhalten.

Voraussetzungen

Um das angelegte Fehler-Niveau korrekt einhalten zu können, müssen bei der Verwendung des t-Tests für unabhängige Stichproben folgende Voraussetzungen erfüllt sein:

- Die Messwerte der Fälle müssen voneinander unabhängig sein.
- Die Messwerte müssen intervallskaliert sein.
- Die Messwerte müssen sich in den beiden Grundgesamtheiten normalverteilen. Als non-parametrische Alternative kann bei der Verletzung der Normalverteilungsannahme auf den Mann-Whitney-U-Test (▶ Kap. 4.4.1) zurückgegriffen werden. Ein gängiges Verfahren zur Überprüfung der Messwerte auf Normalverteilung stellt der Kolmogorov-Smirnov-Anpassungstest dar (▶ Kap. 4.3). Bei hinreichend großen Stichproben (beide Stichproben je n ≥ 30) greift allerdings das zentrale Grenzwerttheorem, d. h., der t-Test kann auch bei Verletzung der Normalverteilungsannahme durchgeführt werden.

- Die Populationsvarianzen müssen homogen sein. Die Varianzhomogenität kann mit dem *F*-Test oder dem Levene-Test überprüft werden (▶ Kap. 4.2).

Ergebnisse aus Monte-Carlo-Studien[2] zeigen, dass der *t*-Test für unabhängige Stichproben sehr robust auf Verletzungen seiner Voraussetzungen reagiert (Bortz & Schuster, 2010). Das gilt besonders bei gleich großen Stichproben, wenn sie darüber hinaus eingipflig-symmetrisch verteilt sind. Liegen unterschiedlich große Stichproben vor, dann wird die Genauigkeit des *t*-Tests nicht beeinträchtigt, wenn die Varianzen gleich sind. Sind jedoch weder die Stichprobenumfänge noch die Varianzen gleich groß, dann ist mit einem höheren Prozentsatz an Fehlentscheidungen zu rechnen. So konnte man nachweisen, dass der *t*-Test bei erhöhter Varianz in der kleineren Stichprobe zu so genannten *progressiven Testentscheidungen* neigt, d. h., es häufen sich Entscheidungen zugunsten der H_1. Im umgekehrten Fall (größere Varianz in der größeren Stichprobe) wird der Test eher *konservativ*, d. h., es häufen sich Entscheidungen zugunsten der H_0.

Welch-Test (*t*-Test mit heterogenen Varianzen)

Wenn die Varianzhomogenität nicht gegeben ist, kann eine von Welch (1947) entwickelte korrigierte Version des *t*-Tests für unabhängige Stichproben vorgenommen werden. Der Welch-Test unterscheidet sich zum ersten bei der Bestimmung des Standardfehlers: Anders als beim Standard-*t*-Test wird nicht mit der gepoolten Varianz gearbeitet, sondern die beiden

---

[2] Bei Monte-Carlo-Studien werden per Computer sehr viele, immer wieder neue Stichproben aus Populationsverteilungen, die der H_0-Annahme entsprechen, generiert. Anschließend wird geschaut, wie häufig sich hierbei »überzufällige« Werte zeigen, also Ergebnisse, die laut einem Hypothesentest wie dem *t*-Test als signifikant zu betrachten wären. Man kann auf diese Weise prüfen, ob der Anteil signifikanter Ergebnisse dem angelegten α-Fehler-Niveau entspricht oder dieses über- oder unterschreitet, der Test also eher »progressiv« oder »konservativ« entscheidet. Auf diese Weise kann man z. B. prüfen, wie sich ein Test verhält, wenn bestimmte Voraussetzungen verletzt sind.

4 Prüfung von Unterschiedshypothesen

(quadrierten) Standardfehler der beiden Einzelstichproben werden aufsummiert:

$$s_{\bar{x}_1 - \bar{x}_2} = \sqrt{s_{\bar{x}_1}^2 + s_{\bar{x}_2}^2} = \sqrt{\frac{s_1^2}{n_1} + \frac{s_2^2}{n_2}}$$

Zweitens erfolgt eine Korrektur der Freiheitsgrade:

$$df_{corr} = \frac{\left(\frac{s_1^2}{n_1} + \frac{s_2^2}{n_2}\right)^2}{\frac{\left(\frac{s_1^2}{n_1}\right)^2}{n_1 - 1} + \frac{\left(\frac{s_2^2}{n_2}\right)^2}{n_2 - 1}}$$

Ansonsten erfolgt der Test vollkommen äquivalent zur unkorrigierten Version, die bei homogenen Varianzen zur Anwendung kommt.

Beispiel

Es soll überprüft werden, ob man weniger wach ist, wenn man zum Frühstück entkoffeinierten statt »normalen« Kaffee zu sich nimmt (H_1: $\mu_{ohne} - \mu_{normal} < 0$). Bei einem Frühstücksexperiment erhalten die Probanden unwissentlich entweder entkoffeinierten oder normalen Kaffee ($n_{ohne} = 34$; $n_{normal} = 28$). Anschließend schätzen sie auf einer Skala von 1 bis 20 ihre Wachheit ein. Es zeigen sich folgende Ergebnisse:

$$\bar{x}_{ohne} = 9{,}41; s_{ohne}^2 = 2{,}98$$

$$\bar{x}_{normal} = 10{,}89; s_{normal}^2 = 5{,}74$$

Der Unterschied soll auf dem 5%-Niveau auf Signifikanz geprüft werden.

Da sich die Varianzen deutlich unterscheiden, ermitteln wir zunächst den Standardfehler, ohne von gleichen Populationsvarianzen auszugehen, korrigieren die Freiheitsgrade der t-Verteilung und bestimmen den Prüfwert:

$$s_{\bar{x}_{ohne}-\bar{x}_{normal}} = \sqrt{\frac{2{,}98}{34} + \frac{5{,}74}{28}} = 0{,}54$$

$$df_{corr} = \frac{\left(\frac{2{,}98}{34} + \frac{5{,}74}{28}\right)^2}{\frac{\left(\frac{2{,}98}{34}\right)^2}{33} + \frac{\left(\frac{5{,}74}{28}\right)^2}{27}} = 47{,}86$$

$$t_{47,86} = \frac{9{,}41 - 10{,}89}{0{,}54} = -2{,}74$$

Statt mit der t-Verteilung mit 60 Freiheitsgraden, müssen wir mit der t-Verteilung mit (abgerundet) 47 Freiheitsgraden arbeiten. Diese ist nicht tabelliert, aber die t-Verteilung mit 40 Freiheitsgraden ist eine hinreichend genaue (und etwas konservative) Annäherung. Da wir linksseitig testen (laut H$_1$ wurde ja von einer negativen Differenz ausgegangen), ermitteln wir $t_{40;0,05} = -t_{40;0,95} = -1{,}684$. Der empirisch ermittelte t-Wert liegt deutlich extremer im negativen Bereich, so dass wir die Nullhypothese verwerfen. In der Tat scheint das fehlende Koffein im Kaffee den Hallo-Wach-Effekt zu behindern.

4.1.3 t-Test für abhängige Stichproben

Fragestellung

Es werden zwei Stichprobenmittelwerte verglichen. Zwischen den beiden Stichproben besteht aber eine Abhängigkeit, d. h., jeweils zwei Messwerte der beiden Stichproben sind einander paarweise zugeordnet.

Abhängige Stichproben

Von abhängigen Stichproben spricht man, wenn die einzelnen Messwerte nicht unabhängig voneinander gesampelt werden, sondern eine Abhängigkeit zwischen den Messwerten besteht. Ein sehr typischer Fall dafür wäre ein Messwiederholungsdesign. Ein Beispiel wäre, wenn man die

4 Prüfung von Unterschiedshypothesen

Symptombelastung an einer Gruppe von Klienten vor Therapiebeginn erfasst und sie mit der Symptombelastung im Anschluss an die Therapie vergleicht. Jeder Klient liefert zwei Messwerte, die eindeutig zueinander gehören, weil sie vom gleichen Klienten stammen, nur eben zu unterschiedlichen Zeitpunkten. Um zu prüfen, ob sich zum Zustand vor der Therapie eine Verbesserung ergeben hat, vergleicht man für jeden Klienten die beiden Werte und schaut, ob sich über alle Fälle hinweg eher eine Verbesserung oder eine Verschlechterung ergeben hat. Andere Beispiele für abhängige Stichproben wären natürliche Paare wie z. B. Geschwister oder Ehepaare sowie paarweise gematchte Stichproben. Gemeinsam ist dieser Art von Stichproben, dass die Werte paarweise verbunden sind (man spricht daher auch von verbundenen oder gepaarten Stichproben).

Die Abhängigkeit der Daten kann man nutzen: Anstatt die Mittelwerte der Stichproben zu vergleichen, betrachtet man die Differenz der einzelnen Messwertpaare $(d_i = x_{i1} - x_{i2})$. Der Mittelwert der Differenzen $(\bar{x}_d)$ gibt dann an, wie groß über die gesamte Stichprobe hinweg eine Veränderung über die Zeit bzw. allgemein der Unterschied der gepaarten Stichproben ausfällt. Das erscheint zunächst irrelevant, denn der Mittelwert der Differenzen entspricht exakt der Differenz der Mittelwerte. Der wesentliche Unterschied ist aber, dass wir als Standardfehler nicht die Variabilität zweier unabhängiger Stichproben berücksichtigen müssen, sondern lediglich die Unterschiedlichkeit der Differenzen einbeziehen müssen (d. h., die interindividuelle Variabilität muss nicht als Fehlerquelle einbezogen werden, weil ja nur die intraindividuellen Unterschiede, also jene innerhalb der Messwertpaare, Gegenstand der Prüfung sind). Dadurch hat der t-Test für abhängige Stichproben bei positiv korrelierten Messwerten eine deutlich höhere Power als dies bei einer Prüfung mit unabhängigen Stichproben der Fall wäre.

Beispiel

Der Statistik-Dozent M.S. führt in einem Irish Pub eine Untersuchung zum Einfluss eines meditativen Konzentrationstrainings auf die Zielgenauigkeit beim Pfeilwerfen durch. Er rekrutiert eine Gruppe von 10 Personen und untersucht diese zwei Mal, einmal vor dem Training und

4.1 Prüfung von Mittelwertunterschieden: t-Tests

> einmal danach. M.S. ist überzeugt, dass das Training die Zielgenauigkeit fördert. Die Probanden sollen auf die Scheibenmitte zielen und M.S. erfasst, wie weit sie daneben zielen (Abstand in cm; Daten: ▶ Tab. 4.4).

Tab. 4.4· Datenbeispiel zur Zielgenauigkeit beim Pfeilwerfen im Vorher-Nachher-Vergleich (t-Test für abhängige Stichproben)

Personen	Vorher (Abstand in cm)	Nachher (Abstand in cm)	d_i
1	2,90	2,05	+ 0,85
2	4,00	1,10	+ 2,90
3	3,00	6,57	− 3,57
4	4,66	2,48	+ 2,18
5	3,45	2,33	+ 1,12
6	5,00	0,54	+ 4,46
7	4,20	0,39	+ 3,81
8	2,15	4,68	− 2,53
9	2,13	3,97	− 1,84
10	0,56	2,02	− 1,46
			$\bar{x}_d = + 0{,}59$

Hypothesen

Es können sowohl gerichtete als auch ungerichtete Hypothesen geprüft werden. Wenn zwischen den beiden Messwertreihen kein systematischer Unterschied vorliegt, wäre eine durchschnittliche Differenz von 0 zu erwarten. Das ist gleichzeitig die Nullhypothese im ungerichteten Fall, H_0: $\mu_d = 0$. Alternativ- und Nullhypothesen für den gerichteten wie den ungerichteten Fall sind Tabelle 4.5 zu entnehmen.

4 Prüfung von Unterschiedshypothesen

Tab. 4.5: Hypothesen des Ein-Stichproben-t-Tests

H_1	H_0
$\mu_d \neq 0$	$\mu_d = 0$
$\mu_d > 0$	$\mu_d \leq 0$
$\mu_d < 0$	$\mu_d \geq 0$

Im Beispiel erwarten wir, dass sich die Zielgenauigkeit nach dem Training gesteigert hat. Wir würden für die Differenz 1. Wurf − 2. Wurf demnach eine Verringerung der Abweichung vom Ziel, also positive Differenzen, erwarten. Die gerichtete Alternativhypothese lautet daher: $\mu_d > 0$. Die Nullhypothese ergibt sich damit als $\mu_d \leq 0$.

Berechnung

Wie schon angesprochen, bilden die Messwertdifferenzen die Basis der Signifikanzprüfung. Die Messwertreihen werden nicht einzeln betrachtet, sondern es werden zusammengehörende Messwertpaare gebildet, und zwar für jede Person bzw. für jedes Individuum i: $d_i = x_{i1} - x_{i2}$.
Für die Beispieldaten sind die Differenzen bereits in Tabelle 4.4 dargestellt.

Als nächstes berechnen wir den Durchschnitt und die Standardabweichung der Differenzen:

$$\bar{x}_d = \frac{\sum_{i=1}^n d_i}{n} = \frac{5{,}92}{10} = 0{,}59$$

$$s_d = \sqrt{\frac{\sum_{i=1}^n (d_i - \bar{x}_d)^2}{n-1}} = \sqrt{\frac{\sum d_i^2 - \frac{(\sum d_i)^2}{n}}{n-1}} = \sqrt{\frac{74{,}21 - \frac{5{,}92^2}{10}}{9}} = 2{,}80$$

Es ist zu beachten, dass n hier für die Anzahl der Messwert*paare* steht (also die Anzahl der Differenzen d_i und nicht etwa für die Anzahl aller Einzelmessungen!).

4.1 Prüfung von Mittelwertunterschieden: t-Tests

Für die Bestimmung des t-Wertes als Prüfgröße wird der Standardfehler des Mittelwerts der Differenzen benötigt:

$$s_{\bar{x}_d} = \frac{s_d}{\sqrt{n}} = \frac{2{,}80}{\sqrt{10}} = 0{,}89$$

Die Prüfgröße selbst ergibt sich dann wie bei den t-Tests üblich, indem man die Differenz des empirischen Kennwertes zum in der Population erwarteten Wert durch den Standardfehler teilt:

$$t_{df} = \frac{\bar{x}_d - \mu_d}{s_{\bar{x}_d}}$$

Da gemäß der Nullhypothese die durchschnittliche Differenz $\mu_d = 0$ beträgt, vereinfacht sich die Formel zu:

$$t_{df} = \frac{\bar{x}_d}{s_{\bar{x}_d}} = \frac{0{,}59}{0{,}89} = 0{,}66$$

Der t-Wert hat $df = n - 1$ Freiheitsgrade. Im Beispiel gilt also $df = 9$.

Entscheidung

Man nehme Tabelle B im Anhang und lese den kritischen Wert ab, je nach Richtung der Alternativhypothese:

- für H_1: $\mu_d > 0$: $t_{krit} = t_{(df;\, 1-\alpha)}$
- für H_1: $\mu_d < 0$: $t_{krit} = t_{(df;\, \alpha)} = -t_{(df;\, 1-\alpha)}$
- für H_1: $\mu_d \neq 0$: $t_{krit} = \pm t_{(df;\, 1-\alpha/2)}$

Im Beispiel erfolge eine Signifikanzprüfung auf dem 5%-Niveau, daher: $t_{krit} = t_{(df=9;\, 1-\alpha=0{,}95)} = 1{,}833$. Da der empirische t-Wert weniger extrem liegt und die kritische Grenze nicht erreicht, behalten wir die H_0 bei: Es lässt sich kein signifikanter Einfluss des Konzentrationstrainings auf die Zielgenauigkeit feststellen.

4 Prüfung von Unterschiedshypothesen

Voraussetzungen

Neben dem Intervallskalenniveau der Messung muss bei kleineren Stichprobenumfängen ($n < 30$) die Annahme der Normalverteilung der Differenzen in der Grundgesamtheit erfüllt sein (bei größeren Stichproben greift das zentrale Grenzwerttheorem). Wie beim t-Test für unabhängige Stichproben gilt, dass dieser Test relativ robust auf Verstöße der Normalverteilungsannahme reagiert. Eine nonparametrische Alternative, die diese Voraussetzung nicht macht, ist der Wilcoxon-Test (▶ Kap. 4.4.2).

4.2 Überprüfung der Varianzhomogenität

Fragestellung

Die Varianzhomogenität ist für viele statistische Testverfahren auf Intervalldatenniveau eine wichtige Voraussetzung (z. B. t-Test, Varianzanalyse). Die folgenden Verfahren prüfen die Nullhypothese, dass Stichproben aus Populationen mit gleichen Varianzen entstammen.

4.2.1 F-Test

Beispiel

Beziehen wir uns auf das Beispiel aus Kapitel 4.1.2 und die Daten, die im Rahmen des »Praktikums für Feldforschung« erhoben wurden. Hierbei wurden für jede Gruppe von je 12 Studierenden »mit« und »ohne« feste Beziehung folgende Varianzen gemessen: $s^2_{ohne} = 9{,}97$ und $s^2_{mit} = 7{,}09$. Um zu klären, ob die Voraussetzung der Varianzhomogenität verletzt ist, prüfen wir dies mit Hilfe des F-Test. Ein fälschliches Beibehalten der

4.2 Überprüfung der Varianzhomogenität

Nullhypothese soll möglichst vermieden werden, daher wählen wir ein höheres Signifikanzniveau von α = 0,20 (▶ Kap. 3.2.2).

Hypothesen

Die *Nullhypothese* besagt, dass sich die beiden Stichprobenvarianzen allenfalls zufällig unterscheiden, aber die Populationsvarianzen identisch sind bzw. dass die Stichproben, hinsichtlich der Varianz, aus identischen Grundgesamtheiten stammen, also H_0: $\sigma_1^2 = \sigma_2^2$. Die *Alternativhypothese* hingegen nimmt an, dass die beiden Populationen heterogene Merkmalsvarianzen aufweisen, also H_1: $\sigma_1^2 \neq \sigma_2^2$. In der Regel ist bei der Prüfung der Varianzhomogenität eine ungerichtete Prüfung von Interesse. Es können aber auch gerichtete Hypothesen geprüft werden (H_1: $\sigma_1^2 > \sigma_2^2$ und H_0: $\sigma_1^2 \leq \sigma_2^2$ bzw. H_1: $\sigma_1^2 < \sigma_2^2$ und H_0: $\sigma_1^2 \geq \sigma_2^2$).

Berechnung

Der Prüfwert des *F*-Tests ergibt sich aus dem Quotienten der zu prüfenden Stichprobenvarianzen:

$$F_{df_1, df_2} = \frac{s_1^2}{s_2^2}$$

Bei Gültigkeit der Nullhypothese würde man *F* = 1 erwarten, da die beiden Varianzen ja gleich groß sein müssten. Unterscheiden sich die beiden Varianzen, resultieren davon abweichende *F*-Werte. In den Prüftabellen (siehe Anhang Tab. C) sind lediglich kritische *F*-Werte > 1 tabelliert. Der Grund ist, dass bei der Varianzanalyse (▶ Kap. 5), wo ebenfalls mit der *F*-Verteilung geprüft wird, lediglich diese Seite der *F*-Verteilung relevant ist. Im hier dargestellten *F*-Test könnte man eigentlich in beide Richtungen kritische Abweichungen feststellen. Die Tabellierung ist dennoch ausreichend, wenn man bei der Bestimmung des *F*-Wertes eine einfache Regel beherzigt: Beim zweiseitigen Test (ungerichtete Hypothese) kommt die größere Stichprobenvarianz in den Zähler. Beim einseitigen Test (gerichtete Hypothese) kommt die Varianz in den Zähler, die laut H_1 größer sein *soll*. So benötigt man für die Prüfung immer nur die rechte Seite der F-Verteilung.

Für unser Beispiel ergibt sich nach dieser Vorgehensweise folgender Prüfwert:

$$F_{11,11} = \frac{9{,}97}{7{,}09} = 1{,}41$$

Entscheidung

Die Verteilungsfunktionen der F-Werte sind durch zwei Freiheitsgrade definiert: Die Freiheitsgrade des Zählers und die Freiheitsgrade des Nenners. In den F-Test gehen zwei Stichprobenvarianzen ein, die jeweils $n - 1$ Freiheitsgrade haben. Die Varianz, die im Zähler steht, legt daher die Zähler-*df* fest, die Varianz im Nenner die Nenner-*df*.

Je nach gewähltem α-Fehler-Niveau liest man in Tabelle C des Anhangs den kritischen F-Wert bei einem Flächenanteil von 1−α (gerichtete Hypothese; einseitiger Test) bzw. 1−α/2 (ungerichtete Hypothese; zweiseitiger Test) ab. Wenn der empirische F-Wert diesen erreicht oder überschreitet, wird die H_0 verworfen, ansonsten beibehalten.

In unserem Beispiel war in beiden Stichproben $n = 12$, so dass sich in diesem Fall $df_{Zähler} = df_{Nenner} = 11$ ergibt. Wegen der sogenannten Wunschhypothese, auch Anpassungsstrategie genannt, wurde α = 0,20 vorgegeben (▶ Kap. 3.2.2). Tabelle C entnehmen wir $F_{krit} = F_{(11,11;\,0{,}90)} = 2{,}23$. Der empirische F-Wert lag mit 1,41 deutlich niedriger, so dass wir H_0 beibehalten und die Varianzhomogenität als gegeben erachten. Die Verwendung des unkorrigierten *t*-Tests für unabhängige Stichproben ist nach diesem Ergebnis also gerechtfertigt.

Voraussetzungen

Voraussetzung für diesen Test bildet die Unabhängigkeit der beiden Stichproben. Der F-Test verlangt darüber hinaus, dass auch die Normalverteilungsvoraussetzung in der Population erfüllt ist. Ist die Vorausset-

4.2 Überprüfung der Varianzhomogenität

zung nicht erfüllt, hält der F-Test das angegebene Signifikanzniveau nicht mehr ein. Der F-Test gilt gegenüber Verletzungen der Normalverteilungsannahme als *nicht robust*. Eine Variante des F-Tests bei mehr als zwei Stichproben ist der F_{max}-Test von Hartley (1950).

4.2.2 Levene-Test

Eine robuste Alternative zum F-Test stellt der Levene-Test dar (Dayton, 1970). Er reagiert weitgehend unempfindlich gegenüber Verletzungen der Normalverteilungsannahme.

> **Beispiel**
>
> Es gibt zwei Wege, um vom Studentenwohnheim zum Hörsaalgebäude zu kommen. Einen kürzeren, der aber über einige große, vielbefahrene Kreuzungen führt, die viel Zeit kosten können. Und einen etwas längeren, der aber meist relativ störungsfrei zu befahren ist. Um die Wege miteinander zu vergleichen, fährt eine Studentin per Zufall 5-mal den einen und 5-mal den anderen Weg und erhält folgende Fahrzeiten (in Minuten):
>
> kurzer Weg: 21, 27, 20, 36, 21 ($\bar{x}_{kurz} = 25{,}00; s_{kurz} = 6{,}75$)
> langer Weg: 29, 26, 27, 28, 30 ($\bar{x}_{lang} = 28{,}00; s_{lang} = 1{,}58$)
>
> Sie will wissen, ob sich die beiden Wege darin unterscheiden, wie zuverlässig sie die Fahrzeit vorher abschätzen kann (sprich: ob die Zeiten je nach Weg unterschiedlich stark streuen oder die Varianzen homogen sind; α = 0,05).

Hypothesen

Beim Vergleich zweier Stichproben entsprechen die beim Levene-Test geprüften Hypothesen denen, die bereits beim F-Test dargelegt wurden (H_0: $\sigma_1^2 = \sigma_2^2$; H_1: $\sigma_1^2 \neq \sigma_2^2$). Im Zwei-Stichproben-Fall ist ebenso die Prüfung

4 Prüfung von Unterschiedshypothesen

gerichteter Hypothesen möglich (H_1: $\sigma_1^2 > \sigma_2^2$ und H_0: $\sigma_1^2 \leq \sigma_2^2$ bzw. H_1: $\sigma_1^2 < \sigma_2^2$ und H_0: $\sigma_1^2 \geq \sigma_2^2$).

Mit dem Levene-Test ist es aber auch möglich, mehrere Stichproben gleichzeitig auf Varianzhomogenität zu prüfen. Hier lautet die H_0: $\sigma_1^2 = \sigma_2^2 = \ldots = \sigma_j^2 = \ldots = \sigma_k^2$. Die Alternativhypothese besagt, dass sich irgendein Unterschied in den Varianzen findet (H_1: $\sigma_j^2 \neq \sigma_j^2$). Gerichtete Fragestellungen sind bei $k > 2$ nicht möglich.

Berechnung

Im Prinzip ist der Levene-Test im Falle von zwei zu vergleichenden Stichprobenvarianzen eine Art t-Test für unabhängige Stichproben. Es werden aber nicht die originalen Messwerte hinsichtlich ihres Mittelwerts verglichen. Stattdessen werden die absoluten Abweichungen der Einzelwerte x_i zu den jeweiligen Stichprobenmittelwerten ($\bar{x}_j$) betrachtet: $y_{ij} = |x_{ij} - \bar{x}_j|$. So kann für jede Stichprobe eine durchschnittliche absolute Abweichung ($\bar{y}_j$) bestimmt werden und dann geprüft werden, ob sich diese signifikant voneinander unterscheiden. Dahinter steckt die Überlegung, dass sich die Varianzen in den absoluten Abweichungen vom Mittelwert widerspiegeln. Sind die Varianzen also nicht homogen, so müssten sich auch die durchschnittlichen absoluten Abweichungen der Stichproben unterscheiden.

Für das obige Beispiel bestimmen wir als absolute Abweichungen für die erste Fahrzeit auf dem kürzeren Weg ($x_{1,kurz}$ = 21) folgenden Wert: $y_{1,kurz} = |x_{1,kurz} - \bar{x}_{kurz}| = |21 - 25| = 4$.
Für den zweiten: $y_{2,kurz} = |27 - 25| = 2$; usw.
Über alle x-Werte erhalten wir folgende Werte für y_{ij}:

kurzer Weg: 4, 2, 5, 11, 4 → $\bar{y}_{kurz} = 5{,}20$
langer Weg: 1, 2, 1, 0, 2 → $\bar{y}_{lang} = 1{,}20$

Man könnte nun einen t-Test zum Vergleich der beiden so erhaltenen Mittelwerte der absoluten Abweichungen durchführen – Sie können das gerne ausprobieren (zur Kontrolle: man erhält $t_8 = 2{,}54$, was bei $t_{krit} = t_{8;0{,}975}$ = 2,306 knapp signifikant ist).

4.2 Überprüfung der Varianzhomogenität

An sich ist das (im Prinzip) der Levene-Test für die obige Beispielfragestellung. Tatsächlich arbeitet der Levene-Test über eine F-verteilte Teststatistik. Dadurch lässt sich eine universellere Variante des Levene-Tests konzipieren, mit der auch mehr als zwei Stichproben miteinander verglichen werden können:

$$F_{(k-1),(N-k)} = \frac{(N-k) \cdot \sum_{j=1}^{k} n_j \cdot (\bar{y}_j - \bar{y})^2}{(k-1) \cdot \sum_{j=1}^{k} \sum_{l=1}^{n_j} (y_{lj} - \bar{y}_j)^2}$$

Um unser Beispiel mit dieser Formel zu prüfen, benötigen wir für den Ausdruck im Zähler noch den Gesamtmittelwert der absoluten Abweichungen über alle Gruppen hinweg: $\bar{y} = 3{,}20$. Der Übersichtlichkeit halber bestimmen wir die im Nenner benötigten Quadratsummen zunächst für beide Gruppen getrennt:

kurze Wege: $\sum_{i=1}^{5} (y_{i,kurz} - \bar{y}_{kurz})^2 = 46{,}80$
lange Wege: $\sum_{i=1}^{5} (y_{i,lang} - \bar{y}_{lang})^2 = 2{,}80$

$$F_{1,8} = \frac{(10-2) \cdot [5 \cdot (5{,}20 - 3{,}20)^2 + 5 \cdot (1{,}20 - 3{,}20)^2]}{(2-1) \cdot [46{,}80 + 2{,}80]} = 6{,}45$$

Entscheidung

Den dazugehörigen kritischen F-Wert lesen wir wiederum in Tabelle C ab. Anders als beim F-Test verwenden wir aber in jedem Fall die Tabellierung für das angelegte α-Fehler-Niveau. Die Freiheitsgrade der F-Verteilung des Levene-Tests lauten $df_{Zähler} = k - 1$ und $df_{Nenner} = N - k$. Wenn der F-Wert des Levene-Tests den kritischen F-Wert $F_{krit} = F_{df_Z, df_N, 1-\alpha}$ erreicht oder überschreitet, schließen wir auf signifikante Heterogenität der Varianzen. Im Beispiel ermitteln wir $F_{krit} = F_{1,8,0{,}95} = 5{,}32$. Da unser Testwert über dieser kritischen Grenze liegt, verwerfen wir die Annahme der Varianzhomogenität. Der längere Weg scheint zeitlich besser planbar zu sein.

Noch eine Anmerkung: Per t-Test hatten wir ja bereits $t_8 = 2{,}54$ bestimmt. Sind die beiden Ergebnisse nun eigentlich identisch? Ja, denn für F-Verteilungen mit einem Zählerfreiheitsgrad gilt folgende Verbindung zur t-Verteilung: $t^2_{df} = F_{1,df_N}$. Und wir sehen, dass $2{,}54^2 = 6{,}45$ ist. Die Ergebnisse sind also vollkommen äquivalent. Der einzige Unterschied ist, dass der Levene-Test per F-Verteilung universeller einsetzbar ist.

Voraussetzungen

Der Levene-Test ist dafür bekannt, dass er auch bei schiefverteilten Werten in der Population angewendet werden kann. Bei extrem schiefen Verteilungen stehen weitere Varianten zur Verfügung: Beim Brown-Forsythe-Test werden nicht die Abweichungen vom Mittelwert, sondern vom Median zugrunde gelegt, was ihn bei stark asymmetrischen Verteilungen noch robuster macht. Andere Varianten arbeiten mit getrimmten Mittelwerten, was vor allem bei extrem schmalgipfligen Verteilungen zu bevorzugen ist (Brown & Forsythe, 1974).

4.3 Kolmogorov-Smirnov-Anpassungstest (KSA-Test)

Fragestellung

Der KSA-Test kann eingesetzt werden, um die Normalverteilungsvoraussetzung zu prüfen, die für viele parametrische Testverfahren gilt.

Im Grunde genommen vergleicht man beim KSA-Test ganz allgemein eine empirische Verteilung (die Verteilung der Messwerte in der Stichprobe) mit einer theoretischen Verteilung. Um welche Art von theoretischer Verteilung es dabei geht, ist eigentlich beliebig. Wir beschränken uns in der vorliegenden Darstellung aber auf den Regelfall, dass es dabei um die Normalverteilung geht und dass lediglich Abweichungen in der Verteilungsform zu prüfen sind (und nicht etwa Unterschiede in Lage und Streuung einer bestimmten Normalverteilung). Dies ist der klassische Fall,

4.3 Kolmogorov-Smirnov-Anpassungstest (KSA-Test)

um die Normalverteilungsvoraussetzung von empirischen Daten zu kontrollieren, wenn man z. B. einen parametrischen Mittelwertvergleich per t-Test oder Varianzanalyse durchführen will. Diese spezielle Variante des KSA-Tests wurde von Lilliefors (1967) vorgestellt. Man nennt sie daher Kolmogorov-Smirnov-Lilliefors-Test oder auch KSA-Test mit Lilliefors-Schranken.

Hypothesen

Die Nullhypothese (H_0) formuliert die Annahme, dass die Stichprobenwerte aus einer normalverteilten Grundgesamtheit entstammen und daher lediglich zufällige Abweichungen gegenüber der Normalverteilung auftreten. Die Alternativhypothese (H_1) lehnt die Annahme einer Normalverteilung ab und postuliert, dass die Stichprobendaten aus einer nicht normalverteilten Grundgesamtheit stammen (die Abweichungen also nicht lediglich zufällig sind).

Wir greifen auf das Beispiel zurück, das wir zur Illustration des t-Tests für abhängige Stichproben genutzt haben, und prüfen die dort gefundenen Differenzwerte (in Tabelle 4.4 sind diese in sortierter Reihenfolge als »x_i« dargestellt) auf Normalverteilung. Da unser Anliegen eigentlich ist, die Normalverteilungsvoraussetzung als gegeben zu erachten, die H_0 also die Wunschhypothese darstellt (Anpassungsstrategie; ▶ Kap. 3.2.2) wählen wir für die Prüfung daher ein erhöhtes α-Fehler-Niveau von 0,20.

Berechnung

Zunächst führen wir eine z-Transformation der zu prüfenden empirischen Verteilung durch, um später mit Hilfe der Standardnormalverteilung arbeiten zu können. Da wir lediglich die Verteilungsform prüfen wollen, legen wir für μ und σ den Stichprobenmittelwert von $\bar{x} = 0,592$ und die Stichprobenstreuung $s = 2,803$ zugrunde. So ergibt sich in unserem Datenbeispiel (▶ Tab. 4.6) z. B. für den ersten Wert $x_i = -3,57$ ein z-Wert von:

$$z_1 = \frac{-3,57 - 0,592}{2,803} = -1,48$$

4 Prüfung von Unterschiedshypothesen

Tab. 4.6: Datenbeispiel zur Überprüfung auf Normalverteilung per KSA-Test

x_i	z_i	$S(z_i)$	$F(z_i)$	$D_{U(i)}$	$D_{O(i)}$
−3,57	−1,48	0,1	0,07	−0,07	0,03
−2,53	−1,11	0,2	0,13	−0,03	0,07
−1,84	−0,87	0,3	0,19	0,01	0,11
−1,46	−0,73	0,4	0,23	0,07	0,17
0,85	0,09	0,5	0,54	−0,14	−0,04
1,12	0,19	0,6	0,58	−0,08	0,02
2,18	0,57	0,7	0,72	−0,12	−0,02
2,90	0,82	0,8	0,79	−0,09	0,01
3,81	1,15	0,9	0,82	−0,07	0,08
4,46	1,38	1,0	0,91	−0,02	0,09

In gleicher Weise überführen wir alle empirischen Messwerte in entsprechende z-Werte. Dann ermitteln wir die Werte der empirischen Verteilungsfunktion $S(z_i)$. Dies sind einfach die kumulierten relativen Häufigkeiten der z-Werte. Wenn keine doppelten Werte vorkommen, lässt sich dies recht einfach bestimmen, indem man die sortierte Reihe jeweils mit Inkrementen von $1/n$ fortführt (im Beispiel haben wir 10 Werte, also ergeben sich Inkremente von 0,1 von Zeile zu Zeile). Diese Werte stellen dar, wie sich die Daten in der Stichprobe verteilen. Im nächsten Schritt betrachten wir, wie die Werte der Verteilungsfunktion lauten müssten, wenn die ermittelten z-Werte einer Normalverteilung folgen würden. Dazu ermitteln wir mit Hilfe der Tabellierung der Standardnormalverteilung (siehe Anhang Tab. A) die jeweiligen Unterschreitungswahrscheinlichkeiten, also $F(z_i)$. Für den ersten z-Wert ergibt sich dafür $F(z_1 = -1{,}48) = 1 - F(z = +1{,}48) = 1 - 0{,}9306 = 0{,}0694$. In gleicher Weise geschieht das für alle anderen z-Werte.

Im folgenden Schritt findet der eigentliche Abgleich der empirischen Verteilung mit der Normalverteilung statt: Es werden die Abweichungen der beiden Verteilungen ermittelt, indem man $D_{O(i)} = S(z_i) - F(z_i)$ bestimmt sowie $D_{U(i)} = S(z_{i-1}) - F(z_i)$. Die Bestimmung der beiden Abweichungen ist erforderlich, da sich $S(z_i)$ stufenweise entwickelt, also plötzlich an der Stelle i von $S(z_{i-1})$ auf $S(z_i)$ springt, während sich die Normalverteilungsfunktion kontinuierlich entwickelt. Man bestimmt also immer die Abweichung zur unteren Grenze $(D_{U(i)})$ und zur oberen Grenze $(D_{O(i)})$ von $S(z_i)$. Die Prüfgröße des KSA-Tests ist die maximale absolute Abweichung $|D|_{max}$. Im Beispiel ist das $|D|_{max} = 0{,}17$.

Entscheidung

Den resultierenden Prüfwert $|D|_{max}$ kann man mit den von Lilliefors entwickelten kritischen D-Werten abgleichen (siehe Anhang Tab. H). Mit der Stichprobengröße von $n = 10$ und dem von uns gewählten $\alpha = 0{,}20$ ergibt sich für das Beispiel ein kritischer Wert von $D_{krit} = 0{,}215$. Die maximale absolute Abweichung im Beispiel liegt mit $|D|_{max} = 0{,}17$ unterhalb der Grenze, so dass wir die H_0 nicht verwerfen und auf keine signifikante Abweichung von der Normalverteilungsannahme schließen.

Beurteilung der Normalverteilungsvoraussetzung

Neben dem KSA-Test mit Lilliefors-Schranken gibt es auch weitere inferenzstatistische Prüfverfahren für diesen Zweck wie z.B. den Shapiro-Wilk-Test (Shapiro & Wilk, 1965). Man sollte die Beurteilung der Normalverteilungsvoraussetzung aber nicht nur an den Ergebnissen inferenzstatistischer Verfahren festmachen. Gerade bei kleinen Stichproben werden wegen der geringen Teststärke auch sehr deutliche Abweichungen nicht signifikant. Andererseits werden bei großen Stichproben selbst unwesentliche, kleinere Abweichungen zu signifikanten Ergebnissen führen, selbst wenn diese keine gravierende Voraussetzungsverletzung darstellen. Es ist daher sinnvoll, auch andere inhaltliche Überlegungen und deskriptivstatistische Kennwerte zu betrachten, um zu einer differenzierten Einschätzung zu gelangen. Ist die Normalverteilungsannahme aus inhaltlichtheoretischer Sicht für die betreffende Variable überhaupt schlüssig? Oder gibt es besonders gute Argumente, die für eine Normalverteilung der Variablen sprechen?

Auch deskriptiv-statistische Verteilungskennwerte helfen bei der Einschätzung. Als Faustregel gilt, dass bei Schiefen von $\alpha_3 \le |\pm 0{,}5|$ und einer Kurtosis von $\alpha_4 \le |\pm 1{,}0|$ robuste Verfahren noch gut funktionieren. Auch Verteilungsgrafiken wie Histogramme oder Normalverteilungsplots sollten genutzt werden, um sich ein Urteil über Abweichungen von der Normalverteilung zu verschaffen und in die Gesamtbeurteilung einbezogen werden.

Dort, wo Unsicherheit in der Beurteilung verbleibt, besteht auch die Möglichkeit, parametrische und verteilungsfreie Prüfverfahren, die im weiteren Verlauf des Kapitels besprochen werden, parallel zu verwenden und sich so abzusichern.

4.4 Vergleich der zentralen Tendenz bei ordinalskalierten Daten

4.4.1 Mann-Whitney-U-Test (Vergleich zweier unabhängiger Stichproben)

Fragestellung

Der Mann-Whitney-U-Test vergleicht zwei unabhängigen Stichproben hinsichtlich ihrer zentralen Tendenz. Er benötigt lediglich ordinale Daten (Rangdaten). Der Mann-Whitney-U-Test kann auch als nonparametrische Alternative für den t-Test für unabhängige Stichproben eingesetzt werden, wenn die Normalverteilungsvoraussetzung verletzt ist.

Beispiel

Bei einem Demenzscreeningtest wird die Reaktionszeit von dementen mit der von unauffälligen älteren Probanden verglichen. Es soll festgestellt werden, ob hirnorganisch beeinträchtigte ältere Menschen ($n_1 =$

4.4 Vergleich der zentralen Tendenz bei ordinalskalierten Daten

5) längere Reaktionszeiten aufweisen als klinisch unauffällige ältere Menschen ($n_2 = 6$). Es soll ein Mittelwertvergleich durchgeführt werden ($\alpha = 0{,}05$). Da nicht von einer Normalverteilung der Werte auszugehen ist, wird der U-Test als nonparametrische Alternative zum t-Test für unabhängige Stichproben eingesetzt.

Tab. 4.7: Datenbeispiel zum Vergleich der Reaktionszeiten von dementen und unauffälligen Probandinnen und Probanden (Mann-Whitney-U-Test)

Demente Pbn		Unauffällige Pbn	
Reaktionszeit (in Sekunden)	Rangplatz	Reaktionszeit (in Sekunden)	Rangplatz
26	9	10	1
21	6	27	10
22	7	17	2
35	11	19	4
18	3	20	5
		24	8
$T_1 = 36$		$T_2 = 30$	
$\overline{R}_1 = 7{,}2$		$\overline{R}_2 = 5{,}0$	
$n_1 = 5$		$n_2 = 6$	

Hypothesen

Die Nullhypothese lautet, dass sich die Rangreihen der beiden Stichproben zufällig und damit nicht signifikant unterscheiden bzw. dass die beiden Messwertreihen aus Grundgesamtheiten stammen, die keine Unterschiede hinsichtlich der zentralen Tendenz aufweisen. Die Alternativhypothese lautet, dass sich die beiden Rangreihen unterscheiden. Man kann sowohl gerichtet als auch ungerichtet testen.

4 Prüfung von Unterschiedshypothesen

Berechnung

Für die Bestimmung der Prüfgrößen wird lediglich die ordinale Information der Daten genutzt. Es gibt zwei Möglichkeiten, um die Prüfgrößen U bzw. U' zu bestimmen.

Bei der direkten Bestimmung wird eine der beiden Stichproben als Referenz gewählt. Nun zählt man für jeden Einzelwert der Referenzstichprobe, wie häufig er von Einzelwerten der anderen Stichprobe übertroffen wurde. Die Summe dieser Überschreitungen ergibt U. In unserem Beispiel legen wir die Gruppe 1 mit den dementen älteren Menschen als Referenzgruppe fest. Die erste Person in dieser Gruppe hat eine Reaktionszeit von 26 Sekunden. In der anderen Gruppe 2, den älteren unauffälligen Menschen, befindet sich nur eine Person mit einem höheren Messwert. Als nächstes betrachten wir die zweite Person in der Gruppe 1 mit dem Wert 21: Dieser wird von 2 Personen in der Gruppe 2 übertroffen. Auf diese Weise gleichen wir alle Messwerte von Gruppe 1 mit den Werten der Gruppe 2 ab und summieren diese auf. Für U erhalten wir also: $U = 1 + 2 + 2 + 0 + 4 = 9$. U' wird bestimmt, indem man in gleicher Weise die Unterschreitungen aufsummiert, also wie häufig die Einzelwerte der Referenzstichprobe von den Werten der anderen Stichprobe *unterschritten* wurden. Der Wert 26 der ersten Person in Gruppe 1 wird von 5 Personen der Gruppe 2 unterschritten usw. Wir erhalten auf diese Wiese $U' = 5 + 4 + 4 + 6 + 2 = 21$.

Wenn keine Rangbindungen vorliegen, gilt $U + U' = n_1 \cdot n_2$. Dies kann man nutzen, um die Ergebnisse kurz zu checken (im Beispiel: $9 + 21 = 30 = 5 \cdot 6$) oder um U bzw. U' rechnerisch zu bestimmen, wenn man einen der beiden Werte bereits bestimmt hat (in unserem Beispiel hätte man auch $U' = n_1 \cdot n_2 - U = 5 \cdot 6 - 9 = 21$ berechnen können).

Die direkte Bestimmung von U und U' ist bei größeren Stichproben recht aufwendig und auch fehleranfällig. Eine zweite Methode der Bestimmung der Prüfgröße erfolgt über die rangtransformierten Messwerte. Man vergibt den Messwerten gemeinsam über beide Stichproben in aufsteigender Reihenfolge die Rangplätze 1 bis n (siehe Beispiel, ▶ Tab. 4.7). Wenn man für die beiden Stichproben die resultierenden Rangplätze jeweils aufsummiert, erhält man T_1 bzw. T_2. Mit diesen lassen sich U und U' rechnerisch ermitteln:

4.4 Vergleich der zentralen Tendenz bei ordinalskalierten Daten

$$U = n_1 \cdot n_2 + \frac{n_1 \cdot (n_1 + 1)}{2} - T_1$$

$$U' = n_1 \cdot n_2 + \frac{n_2 \cdot (n_2 + 1)}{2} - T_2.$$

Die Rangplatzsummen stehen in direkter Verbindung zur Stichprobengröße:

$$T_1 + T_2 = \frac{n \cdot (n + 1)}{2}; mit\ n = n_1 + n_2$$

Man kann diese Verbindung auch nutzen, um grobe Fehler bei der Rangplatzvergabe zu kontrollieren (aber Obacht: Nicht alle denkbaren Fehler bei der Rangplatzvergabe werden hier aufgedeckt!). Anhand der Ränge lässt sich auch leicht die Richtung eines etwaigen Unterschieds ersehen: Besteht in der Population kein Unterschied, gilt: $\mu(\overline{R}_1) = \mu(\overline{R}_2)$. Wenn sich also die durchschnittlichen Ränge in den Gruppen unterscheiden, kann man daraus ablesen in welche Richtung die Unterschiede gehen. In unserem Beispiel ergibt sich

$$U = 5 \cdot 6 + \frac{5 \cdot (5 + 1)}{2} - 36 = 9$$

$$U' = 5 \cdot 6 + \frac{6 \cdot (6 + 1)}{2} - 30 = 21$$

$$36 + 30 = \frac{11 \cdot (11 + 1)}{2} = 66$$

Entscheidung

Bei kleineren Stichproben wird die Signifikanzprüfung für den *U*-Wert anhand der Tabelle D des Anhangs vorgenommen. Dort sind für n_1 und n_2 ≤ 20 kritische Werte für verschiedene Signifikanzniveaus und ein- bzw.

zweiseitiger Testung tabelliert. Wenn U bzw. U' ≤ U_{krit} liegt, ist die H_0 zu verwerfen. Welcher der beiden Werte, U oder U', für die Prüfung heranzuziehen ist, hängt von der Fragestellung ab. Bei zweiseitiger Prüfung wird einfach der kleinere der beiden Werte herangezogen. Bei einseitiger Fragestellung hingegen wird derjenige Wert, U oder U', herangezogen, der laut Alternativhypothese kleiner sein *soll*. In unserem Beispiel hatten wir für Gruppe 1 (demente Probanden) längere Reaktionszeiten erwartet. Daraus folgt, dass wir laut H_1 seltener Überschreitungen erwarten (es solle relativ selten vorkommen, dass nicht-demente Personen längere Reaktionszeiten haben als demente Probanden). U sollte dementsprechend kleiner sein als U'. Das finden wir mit $U = 9$ so auch. Die Frage ist aber, ob das einen signifikanten Unterschied anzeigt. Über Tabelle D ermitteln wir bei einseitigem Test und $\alpha = 0{,}05$ für $n_1 = 5$ und $n_2 = 6$ auf einen kritischen Wert von $U_{krit} = 3$. Der empirische U-Wert ist somit nicht niedrig genug, um von einem signifikanten Unterschied sprechen zu können und wir behalten die H_0 bei (was im konkreten Beispiel wohl auch der geringen Power angesichts der kleinen Stichprobe geschuldet ist).

U-Test bei großen Stichproben

Bei größeren Stichproben (Faustregel: n_1 und n_2 jeweils > 10) verteilt sich die U-Statistik näherungsweise normal. Daraus folgt, dass man die Prüfung für größere Stichproben auch per z-Test vornehmen kann. Die Verteilungsparameter μ_U und σ_U lauten:

$$\mu_U = \frac{n_1 \cdot n_2}{2}; \sigma_U = \sqrt{\frac{n_1 \cdot n_2 \cdot (n_1 + n_2 + 1)}{12}}$$

Man kann damit den empirischen U-Wert (oder U') in eine standardnormalverteilte Prüfstatistik (z) umrechnen:

$$z = \frac{U - \mu_U}{\sigma_U}$$

4.4 Vergleich der zentralen Tendenz bei ordinalskalierten Daten

Die Signifikanzprüfung erfolgt dann über die Standardnormalverteilung (siehe Anhang Tab. A).

Angenommen, wir hätten nicht nur $n_1 = 5$ und $n_2 = 6$ Fälle gehabt, sondern $n_1 = 12$ und $n_2 = 14$ und es hätte sich $U = 51$ und $U' = 117$ ergeben. Wir berechnen die Parameter der Verteilung der U-Werte:

$$\mu_U = \frac{12 \cdot 14}{2} = 84$$

$$\sigma_U = \sqrt{\frac{12 \cdot 14 \cdot (12 + 14 + 1)}{12}} = 19{,}44$$

Somit ergibt sich für die Signifikanzprüfung:

$$z = \frac{51 - 84}{19{,}44} = -1{,}70$$

Bei $\alpha = 0{,}05$ und linksseitiger Prüfung lautet $z_{krit} = -1{,}65$. Der empirische z-Wert liegt ein kleines Stück extremer im negativen Bereich und wird somit als überzufällig abweichend klassifiziert. Wir finden bei dieser etwas größeren Stichprobe nun also einen signifikanten Unterschied.

Da die Gruppengrößen nach wie vor unter 20 liegen, hätte man hier selbstverständlich auch noch direkt über die tabellierte U-Verteilung prüfen können. Laut Tabelle D des Anhangs erhalten wir für $\alpha = 0{,}05$ bei einseitigem Test und $n_1 = 12$ und $n_2 = 14$ mit $U_{krit} = 51$ ebenfalls ein signifikantes Ergebnis, da $U \leq U_{krit}$.

Vorliegen von Rangbindungen

Es kommt nicht selten vor, dass es zu Rangbindungen kommt, d. h., dass zwei (oder mehr) Fälle den gleichen Messwert aufweisen. Das muss in doppelter Hinsicht berücksichtigt werden: 1. bei der Rangplatzvergabe; 2. bei der statistischen Prüfung.

4 Prüfung von Unterschiedshypothesen

> **Beispiel**
>
> Eine Forschergruppe interessiert sich für Geschlechtsunterschiede der indirekten Aggression (z. B. sozialer Ausschluss, Verrat von privaten Geheimnissen) bei Kindern. Im Rahmen eines kleinen Forschungsvorhabens werden 24 Kinder näher untersucht und auf einer Skala für indirekte Aggression bewertet (hohe Werte = mehr indirekte Aggression). Es soll überprüft werden, ob es einen Unterschied zwischen Mädchen und Jungen gibt ($\alpha = 0{,}01$). Die Normalverteilungsvoraussetzung sei verletzt, so dass der U-Test als nonparametrische Alternative zum t-Test für unabhängige Stichproben zum Einsatz kommt.

Tab. 4.8: Datenbeispiel zu Geschlechtsunterschieden bei indirekter Aggression (Mann-Whitney-U-Test bei Rangbindungen)

Mädchen	Ränge Mädchen	Jungen	Ränge Jungen
2	4,5	1	2
4	8,5	2	4,5
6	14	4	8,5
7	17,5	5	11
8	21	7	17,5
1	2	8	21
3	6,5	9	23,5
5	11	1	2
6	14	3	6,5
7	17,5	5	11
8	21	6	14
9	23,5	7	17,5
	$T_1 = 161$		$T_2 = 139$

4.4 Vergleich der zentralen Tendenz bei ordinalskalierten Daten

Bei der Rangplatzvergabe muss darauf geachtet werden, dass gleiche Werte auch den gleichen Rangplatz erhalten. Außerdem muss die Rangplatzsumme erhalten bleiben. Dies erreicht man, indem man den verbundenen Rängen den Mittelwert der zu vergebenden Ränge zuweist. Dies sei am Datenbeispiel aus Tabelle 4.8 kurz erklärt: Der Messwert »1« kommt beim 5. Mädchen sowie beim 1. und 8. Jungen vor, ist also dreifach gebunden. Zu vergeben wären die Ränge 1, 2 und 3. Da die Werte gleich sind, muss der gleiche Rangplatz vergeben werden und die Rangsumme soll erhalten bleiben. Daher vergibt man als gemeinsamen Rang die Summe der zu vergebenden Ränge geteilt durch die Anzahl der Fälle/Bindungen in diesem Rang, also (1 + 2 + 3) / 3 = 2. Für den nächsten Messwert »2« sehen wir eine »zweifache« Bindung und bestimmen als gemeinsamen Rang (4 + 5) / 2 = 4,5 usw.

Die Prüfgröße U bestimmen wir über die Rangplatzsummen. Dies geschieht wie schon zuvor gesehen. Im Beispiel finden wir bei $n_1 = 12$; $n_1 = 12$; $T_1 = 161$ und $T_2 = 139$ folgende Werte für U bzw. U':

$$U = n_1 \cdot n_2 + \frac{n_1 \cdot (n_1 + 1)}{2} - T_1$$

$$12 \cdot 12 + \frac{12 \cdot 13}{2} - 161 = 61$$

$$U' = n_1 \cdot n_2 + \frac{n_2 \cdot (n_2 + 1)}{2} - T_2$$

$$12 \cdot 12 + \frac{12 \cdot 13}{2} - 139 = 83$$

Die Prüfung erfolgt unter Rückgriff auf die Standardnormalverteilung (die Verwendung der Tabelle D ist bei verbundenen Rängen nicht möglich, da diese keine Korrektur für die Rangbindungen enthält; solche Tabellen findet man z. B. bei Bortz, Lienert & Boehnke, 2008). Der Erwartungswert der U-Werte-Verteilung wird durch das Vorliegen von Rangbindungen nicht beeinflusst. Er beträgt auch hier $\mu_U = (n_1 \cdot n_2)/2$.

4 Prüfung von Unterschiedshypothesen

Für die Streuung der U-Werte-Verteilung haben die Rangbindungen allerdings eine Bedeutung, denn durch das Vorliegen gleich großer Werte sind die Über- und Unterschreitungen in ihrem Spielraum begrenzt. Und dies muss bei der Bestimmung des Standardfehlers der U-Werte berücksichtigt werden:

$$\sigma_{Ucorr} = \sqrt{\frac{n_1 \cdot n_2}{n \cdot (n-1)} \cdot \left(\frac{n^3 - n}{12} - \sum_{i=1}^{k} \frac{t_i^3 - t_i}{12}\right)}$$

wobei

- k = Anzahl der verbundenen Ränge
- t_i = Anzahl der Fälle, die in Rangplatz i gebunden sind.

Auf unser Beispiel bezogen, das sehr viele verbundene Ränge ($k = 9$) umfasst, sieht das folgendermaßen aus:

- t_1 = 3 Kinder mit dem Rang 2
- t_2 = 2 Kinder mit dem Rang 4,5
- t_3 = 2 Kinder mit dem Rang 6,5
- t_4 = 2 Kinder mit dem Rang 8,5
- t_5 = 3 Kinder mit dem Rang 11
- t_6 = 3 Kinder mit dem Rang 14
- t_7 = 4 Kinder mit dem Rang 17,5
- t_8 = 3 Kinder mit dem Rang 21
- t_9 = 2 Kinder mit dem Rang 23,5

Daraus ergibt sich:

$$\sum_{i=1}^{9} \frac{t_i^3 - t_i}{12} = \frac{3^3 - 3}{12} + \frac{2^3 - 2}{12} + \ldots + \frac{2^3 - 2}{12} = 15$$

4.4 Vergleich der zentralen Tendenz bei ordinalskalierten Daten

Für den korrigierten Standardfehler erhält man somit:

$$\sigma_{U_{corr}} = \sqrt{\frac{12 \cdot 12}{24 \cdot (24-1)} \cdot \left(\frac{24^3 - 24}{12} - 15\right)} = 17{,}19$$

Auf Basis dieses Standardfehlers und des Erwartungswertes $\mu_U = (12 \cdot 12)/2 = 72$ ergibt sich per z-Test:

$$z = \frac{61 - 72}{17{,}19} = -0{,}64$$

Entscheidung

Es wurde keine gerichtete Hypothese formuliert, so dass ein zweiseitiger Test durchzuführen ist. Für $\alpha = 0{,}01$ ergibt sich somit $z_{krit} = z_{0,995} = 2{,}58$. Da $|z| < z_{krit}$ ist die H_0 beizubehalten. Im Vergleich der Stichproben zeigt sich kein signifikanter Geschlechtsunterschied in Bezug auf die Anwendung indirekter Aggression.

4.4.2 Wilcoxon-Test (Vergleich zweier abhängiger Stichproben)

Definition: Wilcoxon-Test

Mit dem Wilcoxon-Test prüft man Unterschiede der zentralen Tendenz bei zwei abhängigen Stichproben. Er nutzt lediglich das Ordinalniveau der betrachteten Messwertdifferenzen und dient auch als nonparametrische Alternative für den t-Test für abhängige Stichproben, wenn die Normalverteilungsvoraussetzung verletzt ist.

4 Prüfung von Unterschiedshypothesen

> **Beispiel**
>
> Eine Brauerei hat den Eindruck, dass das schlechte Wetter des Sommers 2004 einen signifikanten Einfluss auf den Bierkonsum hat. Herr Sigma wird als statistischer Berater angeheuert. Dieser schlägt vor, die Absatzzahlen (gemessen in Hektoliter), bezogen auf den Monat Juni und auf 10 zufällig ausgewählte Wirtshäuser, zwischen dem Supersonne-Sommer 2003 und dem Supersauwetter-Sommer 2004 zu vergleichen. Die Daten sind in Tabelle 4.9 zusammengefasst.

Tab. 4.9: Datenbeispiel zum Bierabsatz im Jahresvergleich (Wilcoxon-Test)

Wirtshäuser	Sommer 2003	Sommer 2004	d_i	Rangplatz von $|d_i|$
1	3,5	2,1	1,4	8
2	2,5	3,1	−0,6	2
3	3,0	3,9	−0,9	4
4	4,5	3,8	0,7	3
5	3,7	1,5	2,2	9
6	4,5	2,0	2,5	10
7	2,0	2,5	−0,5	1
8	4,0	2,8	1,2	6
9	4,1	3,0	1,1	5
10	3,5	2,2	1,3	7

$$T = 7$$
$$T' = 48$$

4.4 Vergleich der zentralen Tendenz bei ordinalskalierten Daten

Hypothesen

Inhaltlich wird geprüft, ob sich die Messwerte der beiden abhängigen Stichproben in ihrem Niveau unterscheiden. Formal lautet die Nullhypothese, dass der Median der Differenzen null ist ($H_0: \widetilde{\mu}_d = 0$). Die korrespondierende Alternativhypothese postuliert hingegen einen Unterschied ($H_1: \widetilde{\mu}_d \neq 0$). Dies gilt für den ungerichteten Test. Es ist auch eine Prüfung gerichteter Hypothesen möglich mit $H_1: \widetilde{\mu}_d > 0$ und $H_0: \widetilde{\mu}_d \leq 0$ bzw. $H_1: \widetilde{\mu}_d < 0$ und $H_0: \widetilde{\mu}_d \geq 0$.

Berechnung

Wie beim t-Test für abhängige Stichproben ermitteln wir zunächst für jedes Messwertepaar die Differenz d_i (▶ Tab. 4.9 in Spalte 4). Danach werden den Absolutbeträgen der Differenzen in aufsteigender Reihe Ränge zugewiesen (siehe Spalte 5). Dann kennzeichnet man diejenigen Paardifferenzen mit dem selteneren Vorzeichen. In unserem Beispiel sind dies die negativen Paardifferenzen. Die Summe der Rangplätze mit dem selteneren Vorzeichen bezeichnen wir als T und die Summe der Rangplätze mit dem anderen Vorzeichen mit T'.

Für unser Beispiel ermitteln wir $T = 7$ und $T' = 48$. T und T' sind durch folgende Beziehung miteinander verbunden:

$$T + T' = \frac{n \cdot (n+1)}{2}$$

Unter Gültigkeit der Nullhypothese müssten sich positive und negative Differenzen die Waage halten und dementsprechend $T = T'$ gelten. Je deutlicher sich T und T' unterscheiden, umso stärker spricht dies gegen die H_0.

Entscheidung

Für kleinere Stichproben ($n \leq 25$) sind in Tabelle E des Anhangs exakte kritische T-Werte für verschiedene α-Niveaus bei ein- und zweiseitiger

Prüfung tabelliert. Zur Hypothesenprüfung zieht man bei der zweiseitigen Testung den kleineren der beiden Werte, T oder T', heran. Bei einseitiger Testung prüft man unter Rückgriff auf den Wert T oder T', der laut H_1 kleiner sein soll. Wenn T bzw. $T' \leq T_{krit}$ ist, ist die H_0 zu verwerfen. In unserem Beispiel hatten wir die gerichtete Hypothese formuliert, dass der Bierabsatz im »Supersauwetter-Sommer« (2004) geringer ausfiel als im »Supersonne-Sommer« (2003). Im Vergleich der Jahre 2003–2004 erwarten wir also seltene und geringe negative Differenzen. In der Tat liegt der Wert $T = 7$, der die Rangplatzsumme der negativen Differenzen abbildet, recht deutlich unter T' und auch deutlich unter dem Erwartungswert $\mu_T = 10 \cdot 11/4 = 27{,}5$. Wir wollen prüfen, ob dieser Unterschied auf dem 5%-Niveau statistisch abzusichern ist. Aus Tabelle E entnehmen wir für den einseitigen Test bei $\alpha = 0{,}05$ einen kritischen Wert von $T_{krit} = 10$. Da der empirisch ermittelte T-Wert niedriger liegt, verwerfen wir die H_0. Zumindest im Vergleich der Jahre 2003 und 2004 zeigt sich, dass der sonnenreichere Sommer offenbar mehr Bierdurst geweckt hat.

Wilcoxon-Test bei großen Stichproben

Die Tabelle E enthält nur kritische T-Werte für maximal $n = 25$ Messwertpaare. Bei größerem Stichprobenumfang geht die Verteilung der T-Werte in eine Normalverteilung über, so dass eine Prüfung per z-Test erfolgen kann. Die Verteilung der T-Werte hat einen Erwartungswert von:

$$\mu_T = \frac{n \cdot (n+1)}{4}$$

Der Standardfehler lautet:

$$\sigma_T = \sqrt{\frac{n \cdot (n+1) \cdot (2n+1)}{24}}$$

So kann T bzw. T' z-transformiert werden und über diesen z-Wert die Signifikanz beurteilt werden:

4.4 Vergleich der zentralen Tendenz bei ordinalskalierten Daten

$$z = \frac{T - \mu_T}{\sigma_T}$$

Verbundene Ränge

Messwertpaare mit gleichen Differenzen führen zu verbundenen Rängen (zur Vergabe verbundener Ränge siehe U-Test, ▶ Kap. 4.4.1). Wenn Rangbindungen in größerer Zahl auftreten, führen die Prüfprozeduren zu konservativen Entscheidungen. Daher sollte in solchen Fällen für Rangbindungen korrigiert werden. Bei kleinen Stichproben gibt es dafür spezielle Tabellierungen (siehe z. B. Bortz, Lienert & Boehnke, 2008). Bei größeren Stichproben kann die Prüfung über den z-Test erfolgen, wobei die Streuung für Rangbindungen korrigiert wird:

$$\sigma_T = \sqrt{\frac{n \cdot (n+1) \cdot (2n+1) - \sum_{i=1}^{k} \frac{t_i^3 - t_i}{2}}{24}}$$

Die Korrektur erfolgt vergleichbar zum für den U-Test dargestellten Fall verbundener Ränge. Davon abgesehen ist die Prüfung per z-Test äquivalent zum unkorrigierten Fall.

Umgang mit Nulldifferenzen

Es kann vorkommen, dass die Messwerte in Paaren identisch sind und es so zu Nulldifferenzen kommt, die weder der positiven noch der negativen Rangplatzsumme zuzuweisen sind. Bei einer geringen Anzahl von Nulldifferenzen besteht ein einfacher Umgang damit darin, diese zu ignorieren und den Wilcoxon-Test mit einer um die Nulldifferenzen reduzierten Stichprobe durchzuführen.

Allerdings sprechen Nulldifferenzen eigentlich für die Nullhypothese, die ja annimmt, dass keine Unterschiede vorliegen. Dadurch führt das Ignorieren der Nulldifferenzen, vor allem wenn diese häufiger vorkommen, zu eher progressiven Entscheidungen. In diesen Fällen sollten sie daher mit einbezogen werden. Dies geschieht, indem man den Nulldifferenzen den niedrigsten Rang zuweist und die Rangplatzsumme der Nulldifferenzen jeweils hälftig T und T' zuordnet.

4.5 Prüfung von Häufigkeitsdaten: χ^2-Verfahren

Die in diesem Kapitel vorgestellten statistischen Verfahren dienen der Analyse von Häufigkeitsdaten. Die Anwendungssituationen beziehen sich auf die Auftretenshäufigkeiten der Merkmalsalternativen oder Merkmalskombinationen bei nominalskalierten Variablen. Die verschiedenen Varianten unterscheiden sich nach der Anzahl der Merkmalsstufen, der Anzahl der Variablen, die betrachtet werden, und der Anzahl der Messzeitpunkte. Gemeinsam ist ihnen die Vorgehensweise: Empirisch beobachtete Häufigkeiten werden mit erwarteten Häufigkeiten verglichen. Gemeinsam ist ihnen auch, dass die resultierenden Prüfgrößen χ^2-verteilt sind (griechischer Buchstabe »χ«; lies: »Chi«; daher »Chi-Quadrat-Verfahren« bzw. kurz: »χ^2-Verfahren«).

4.5.1 Eindimensionaler χ^2-Test

Fragestellung

Der eindimensionale χ^2-Test dient der Analyse von Unterschieden in der Auftretenshäufigkeit in den Merkmalsstufen eines zwei- oder mehrfach gestuften Merkmals.

Der eindimensionale χ^2-Test wird zunächst für den Fall einer dichotomen, d. h. zweifach gestuften Variablen vorgestellt, um das χ^2-Prinzip, das allen χ^2-Verfahren zugrunde liegt, in einfacher Weise zu erläutern.

4.4 Vergleich der zentralen Tendenz bei ordinalskalierten Daten

Beispiel

Dies ist ein Beispiel zum berühmten »buttered toast phenomenon« (Matthew, 1995). Wenn beim Frühstück ein gebuttertes Toastbrot vom Tisch fällt, kann es auf der Butterseite (nicht so gut...) oder der unbestrichenen Seite (besser!) auf dem Boden landen. Es soll geprüft werden, ob die beiden Merkmalsalternativen (Butter- vs. Unterseite) mit unterschiedlichen Wahrscheinlichkeiten auftreten (zweiseitige Fragestellung bei $\alpha = 0{,}05$). Dazu wurden 80 standardisierte Brotwürfe vorgenommen, bei denen das Brot 49-mal auf die Butterseite und 31-mal auf die Unterseite fiel.

Hypothesen

Die Nullhypothese prüft allgemein, ob die Auftretenswahrscheinlichkeiten der Merkmalsalternativen mit theoretischen Vorgaben übereinstimmen. Im Beispiel soll die Gleichverteilung der beiden Merkmalsalternativen geprüft werden, d.h. H_0: $\pi_{Butter} = \pi_{Unterseite}$. Man könnte ebenso formulieren: H_0: $\pi_{Butter} = 0{,}50$. Die Alternativhypothese wäre $\pi_{Butter} \neq \pi_{Unterseite}$ bzw. $\pi_{Butter} \neq 0{,}50$. Für die Nullhypothese könnten aber auch beliebige andere Wahrscheinlichkeiten geprüft werden. Im Falle dichotomer Variablen können auch gerichtete Fragestellungen geprüft werden.

Auch bei mehrfach gestuften Merkmalen kann die Prüfung die Gleichverteilung zugrunde legen (H_0: $\pi_1 = \pi_2 = \ldots = \pi_j = \ldots = \pi_k$), während die Alternativhypothese postuliert, dass die Merkmalsverteilung in irgendeiner Weise von der Gleichverteilung abweicht (H_1: $\pi_i \neq \pi_j$). Ebenso können für die verschiedenen Merkmalsstufen bestimmte erwartete Auftretenswahrscheinlichkeiten konkretisiert werden.

Berechnung

Die χ^2-Verfahren beruhen auf dem Vergleich der beobachteten Häufigkeiten (observed frequencies; $f_{o(i)}$) mit den (laut H_0) zu erwartenden Häufigkeiten (expected *f*requencies; $f_{e(j)}$). Im vorliegenden Beispiel wird die Gleichverteilungsannahme geprüft, dass also das Brot genauso häufig auf die Butter- wie auf die Unterseite fällt. Bei 80 Würfen wären das also jeweils $f_{e(\text{Butter})} = f_{e(\text{Unterseite})} = 80/2 = 40$. Oder allgemein: $f_{e(j)} = n \cdot p_j$. Im Beispiel also ebenfalls $f_{e(\text{Butter})} = f_{e(\text{Unterseite})} = 80 \cdot 0{,}50 = 40$. Der Vorteil der letzteren Variante ist, dass sie universell einsetzbar ist, also auch wenn die H_0 keine Gleichverteilung vorgibt.

Man erhält eine χ^2-verteilte Prüfgröße, wenn man für jede Merkmalsstufe die quadrierten Abweichungen der beobachteten von den erwarteten Häufigkeiten durch die erwarteten Häufigkeiten teilt und aufsummiert:

$$\chi^2_{df=k-1} = \sum_{j=1}^{k} \frac{\left(f_{o(j)} - f_{e(j)}\right)^2}{f_{e(j)}}$$

Im Beispiel mit der dichotomen Variablen ergibt sich somit:

$$\chi^2_1 = \frac{(40-49)^2}{40} + \frac{(40-31)^2}{40} = 4{,}05$$

Der ermittelte χ^2-Wert hat $df = k - 1$ Freiheitsgrade, weil sich die Häufigkeit der letzten Kategorie immer zwangsläufig aus den Häufigkeiten der anderen $k - 1$ Kategorien ergibt (im Beispiel: Wenn das Brot bei 80 Versuchen 49-mal auf die Butterseite gefallen ist, dann muss es die verbleibenden 31-mal auf der Unterseite gelandet sein).

Entscheidung

Die Prüfgröße wird mit dem kritischen Wert der entsprechenden χ^2_{df}-Verteilung beim gewählten α-Niveau abgeglichen (siehe Anhang Tab. F).

Es ist hier auf eine Besonderheit hinzuweisen: Die tabellierten kritischen Werte gelten immer für ungerichtete Fragestellungen. Der Grund ist, dass durch die Quadrierung der Differenzen zwischen beobachteten und erwarteten Häufigkeiten die Richtung des Unterschieds verloren geht. Der χ^2-Wert ist umso größer, je größer die Unterschiede sind – egal in welche Richtung sie gehen. Daher ist für die Beurteilung nur die rechte Seite der

χ^2-Verteilung relevant. Für die ungerichtete Prüfung gilt daher: $\chi^2_{krit} = \chi^2_{df;1-\alpha}$. Wir behalten die H_0 bei, wenn der empirische Wert unterhalb des kritischen Wertes liegt. Andernfalls verwerfen wir die H_0. In unserem Beispiel ergibt sich als kritischer Wert $\chi^2_{krit} = \chi^2_{1;0,95} = 3{,}85$. Mit $\chi^2_1 = 4{,}05$ liegt der empirische Wert darüber und wir verwerfen die H_0: Offenbar fallen Butterbrote signifikant häufiger auf die Butterseite.

In unserem Beispiel hätte man wohl aufgrund leidiger Erfahrungen mit Butterbroten auch für eine gerichtete Hypothese plädieren können. Da wir anhand der Daten eindeutig beurteilen können, in welche Richtung die Abweichung der beobachteten von den empirischen Häufigkeiten geht (auch wenn sich die Richtung im resultierenden χ^2-Wert nicht zeigt), ist das möglich. Tatsächlich ist die Richtungsinterpretation und damit die einseitige Testung möglich, wenn df = 1 ist. Die gerichtete Alternativhypothese würde lauten: $\pi_{Butter} > 0{,}50$ (H_0: $\pi_{Butter} \leq 0{,}50$). Bei der Bestimmung des kritischen χ^2-Wertes berücksichtigt man in diesem Fall, dass nur eine der beiden möglichen Abweichungsrichtungen statistisch abgesichert werden soll (wenn sich bei der empirischen Prüfung zeigen würde, dass die Brote seltener auf die Butterseite fallen, wäre eine weitere Prüfung unnötig, denn das Ergebnis wäre ja vollkommen konsistent mit der H_0; die Frage nach einer überzufälligen Abweichung erübrigt sich dann). Um dies auszugleichen, *verdoppeln* wir beim Ablesen aus der Verteilungstabelle den α-Wert. Beim einseitigen Test ergibt sich somit: $\chi^2_{krit} = \chi^2_{df;1-2\alpha}$. Auf dem 5%-Niveau wäre der kritische χ^2-Wert demnach $\chi^2_{1;0,90} = 2{,}71$. Selbstverständlich wäre unser Ergebnis auch beim einseitigen Test signifikant, nachdem es bereits im zweiseitigen Test als signifikante Abweichung erkannt wurde.

Verallgemeinerung: Eindimensionaler χ^2-Test mit mehrfach gestufter Variable

Im folgenden Beispiel soll das dichotome Modell des eindimensionalen χ^2-Tests, das im ersten Beispiel gezeigt wurde, verallgemeinert werden. Außerdem soll mit einer H_0 gearbeitet werden, die keine Gleichverteilung der Merkmalsstufen annimmt.

4 Prüfung von Unterschiedshypothesen

Beispiel

Die Bachelorstudiengänge sind auf drei Studienjahre (6 Semester) angelegt. Einige Studierende überschreiten diese Frist (aufgrund von Studienaufenthalten im Ausland oder verlängerten Praktika etc.). Die Verteilung der Studierenden auf die Studienjahre sei: $\pi_{1.\text{Jahr}} = 0{,}33$; $\pi_{2.\text{Jahr}} = 0{,}29$; $\pi_{3.\text{Jahr}} = 0{,}27$ und $\pi_{>3.\text{Jahr}} = 0{,}11$. In einer Befragung von Studierenden der Bachelorstudiengänge ($N = 150$) ergab sich folgende Verteilung: $n_{1.\text{Jahr}} = 60$; $n_{2.\text{Jahr}} = 45$; $n_{3.\text{Jahr}} = 40$; $n_{>3.\text{Jahr}} = 5$. Es soll überprüft werden, ob die Studierenden in Bezug auf das Studienjahr repräsentativ sind. Da die Repräsentativität natürlich erwünscht ist, arbeiten wir mit einem höheren α-Niveau von 20% (Wunschhypothese; ▶ Kap. 3.2.2).

Zunächst bestimmen wir die erwarteten Häufigkeiten (allgemein: $f_{e(j)} = n \cdot \pi_j$): $f_{e(1.\text{Jahr})} = 150 \cdot 0{,}33 = 49{,}50$; $f_{e(2.\text{Jahr})} = 150 \cdot 0{,}29 = 43{,}50$; $f_{e(3.\text{Jahr})} = 150 \cdot 0{,}27 = 40{,}50$; $f_{e(>3.\text{Jahr})} = 150 \cdot 0{,}11 = 16{,}50$. Nun können wir den empirischen χ^2-Wert ermitteln:

$$\chi^2_3 = \sum_{j=1}^{k} \frac{(f_{o(j)} - f_{e(j)})^2}{f_{e(j)}} =$$

$$\frac{(60 - 49{,}50)^2}{49{,}50} + \frac{(45 - 43{,}50)^2}{43{,}50} + \frac{(40 - 40{,}50)^2}{40{,}50} + \frac{(5 - 16{,}50)^2}{16{,}50} = 10{,}30$$

Es handelt sich um eine ungerichtete Fragestellung (da $df \geq 2$ wäre eine gerichtete Fragestellung auch gar nicht möglich; der ermittelte χ^2-Wert kann durch eine Vielzahl an Unterschieden in den Merkmalsstufen resultieren und ist daher nicht eindeutig in einer bestimmten Richtung interpretierbar). Der kritische Wert laut Tabelle F ist $\chi^2_{3;0,80} = 4{,}65$. Die empirische Prüfgröße liegt deutlich höher. Wir müssen die H_0 also ablehnen. Die Stichprobe scheint in Bezug auf die Studienjahre systematisch verzerrt und damit nicht repräsentativ zu sein.

4.4 Vergleich der zentralen Tendenz bei ordinalskalierten Daten

Voraussetzungen

Für alle χ^2-Verfahren gilt, dass es sich lediglich um approximative Verfahren handelt. Damit diese Approximation hinreichend genau ist, dürfen die erwarteten Häufigkeiten nicht zu klein sein. Als Voraussetzung gilt, dass in jeder Merkmalsstufe $f_{e(j)} > 5$ sein muss. Ist das nicht gegeben, kann per Binomialverteilung (bei dichotomen Variablen) bzw. per multinomialer Verteilung (bei mehrfach gestuften Variablen) ein exakter Test erfolgen.

4.5.2 4-Felder-χ^2-Test

Fragestellung

Für zwei dichotome Variablen wird geprüft, ob die Auftretenswahrscheinlichkeiten der Merkmalsstufen der einen Variable mit den Merkmalsausprägungen der anderen Variable in Verbindung stehen oder ob sie voneinander unabhängig sind (man spricht deshalb auch vom χ^2-Unabhängigkeitstest).

Beispiel

Der Dozent M.S. möchte gerne feststellen, ob es einen Wertewandel im Leben von Vätern gegeben hat. Dazu vergleicht er bei 30-jährigen Vätern aus zwei Generationen, ob sie den Beruf vs. die Familie in den Mittelpunkt ihres Lebens stellen. Einem Lehrbuch entnimmt er die Daten einer Gruppe 30-Jähriger im Jahre 1952; eine zweite Gruppe 30-Jähriger untersucht er selbst (im Jahr 2021). Tabelle 4.10 zeigt die resultierenden Daten. Es soll geprüft werden, ob eine Verbindung zwischen der Generation und der Gewichtung von Familie vs. Beruf besteht (zweiseitiger Test; $\alpha = 0{,}05$).

Die beiden dichotomen Variablen ergeben eine 2-mal-2-Feldertafel, in der die vier möglichen Merkmalskombinationen mit den jeweiligen Auftretenshäufigkeiten dargestellt sind (daher auch 4-Felder-χ^2). Die vier Felder sind mit a, b, c und d benannt, weil man später über diese vier Auftretenshäufigkeiten direkt die Prüfgröße bestimmen kann.

Tab. 4.10: Datenbeispiel Vätergeneration und Priorisierung von Beruf vs. Familie (4-Felder-χ^2-Test)

	Beruf	Familie	Σ
Stichprobe 1952	a = 74	b = 46	120
Stichprobe 2021	c = 35	d = 75	110
Σ	109	121	230

Hypothesen

Die Nullhypothese lautet, dass die beiden Merkmale (Priorität Beruf/Familie und Stichprobe 1952/2021) in der Grundgesamtheit unabhängig voneinander sind. Wenn das der Fall ist, dann ergibt sich die Auftretenswahrscheinlichkeit der vier Merkmalskombinationen als Produkt der Randwahrscheinlichkeiten. Formal gilt also für die H_0: $\pi_{i,j} = \pi_i \cdot \pi_j$. Mit der Alternativhypothese wird die Abhängigkeit postuliert, H_1: $\pi_{i,j} \neq \pi_i \cdot \pi_j$. Der 4-Felder- χ^2-Test hat nur einen Freiheitsgrad. Daher sind auch gerichtete Hypothesen möglich (wie beim eindimensionalen Test gilt zwar, dass die Richtung im χ^2-Wert nicht zum Ausdruck kommt, aber man kann inhaltlich beurteilen, welche der beiden Diagonalen [ad oder bc] stärker besetzt ist und so die Richtung einer Abweichung interpretieren).

Bezogen auf das Beispiel bedeutet die H_0, dass die Verteilung der Prioritäten in Sachen Familie vs. Beruf im Jahr 1952 gleich der Verteilung von 2021 ist. Väter im Jahr 1952 entschieden sich anteilsmäßig genauso häufig für die *Familie* wie Väter im Jahr 2021. Die Alternativhypothese hingegen postuliert, dass die beiden Merkmale in der Grundgesamtheit abhängig voneinander sind bzw. dass die Väter beider Jahrgänge die Prioritäten mit unterschiedlicher Häufigkeit wählen.

4.4 Vergleich der zentralen Tendenz bei ordinalskalierten Daten

Berechnung

Im Prinzip könnte man die Prüfgröße nach dem bereits dargestellten χ^2-Prinzip bestimmen, indem man für die vier Felder jeweils die beobachteten und erwarteten Häufigkeiten gegenüberstellt und aufsummiert ($f_{o(i,j)}$ bzw. $f_{e(i,j)}$ stehen hierbei für die beobachteten bzw. erwarteten Häufigkeiten für die Zeile i und Spalte j):

$$\chi^2 = \sum_{i=1}^{2} \sum_{j=1}^{2} \frac{(f_{o(i,j)} - f_{e(i,j)})^2}{f_{e(i,j)}}$$

Man benötigt hierfür die unter Gültigkeit der H_0 erwarteten Häufigkeiten für die vier Felder. Die Berechnung dafür ergibt sich aus der formalen H_0 ($\pi_{i,j} = \pi_{i.} \cdot \pi_{.j}$). Allerdings müssen statt der Wahrscheinlichkeiten Häufigkeiten genutzt werden. Man kann sie direkt aus den Randhäufigkeiten bestimmen:

$$f_{e_{(i,j)}} = \frac{\text{Zeilensumme } i \cdot \text{Spaltensumme } j}{n}$$

Demnach berechnen wir für die erwarteten Häufigkeiten der Tabelle 4.10 folgende Werte:

$$f_{e_{(1,1)}} = \frac{120 \cdot 109}{230} = 56{,}87$$

$$f_{e_{(1,2)}} = \frac{120 \cdot 121}{230} = 63{,}13$$

$$f_{e_{(2,1)}} = \frac{110 \cdot 109}{230} = 52{,}13$$

$$f_{e_{(2,2)}} = \frac{110 \cdot 121}{230} = 57{,}87$$

4 Prüfung von Unterschiedshypothesen

Wenn man die so ermittelten erwarteten Häufigkeiten und die beobachteten Häufigkeiten in die χ^2-Formel einsetzt, kann man diese erheblich vereinfachen. Die Prüfgröße kann dann einfach auf Grundlage der empirischen Häufigkeiten in den Feldern a, b, c und d ermittelt werden:

$$\chi^2_{df=1} = \frac{n \cdot (a \cdot d - b \cdot c)^2}{(a+b) \cdot (c+d) \cdot (a+c) \cdot (b+d)}$$

Für unser Datenbeispiel ergibt sich so:

$$\chi^2_1 = \frac{230 \cdot (74 \cdot 75 - 46 \cdot 35)^2}{120 \cdot 110 \cdot 109 \cdot 121} = 20{,}51$$

Entscheidung

Der 4-Felder- χ^2-Test mit über die empirischen Randsummen ermittelten erwarteten Häufigkeiten hat immer nur einen Freiheitsgrad (df = 1). Die Signifikanzbeurteilung erfolgt exakt wie beim eindimensionalen χ^2-Test über die χ^2-Verteilung (siehe Anhang Tab. F). Auch die Ausführungen zum einseitigen Test gelten in gleicher Weise für den 4-Felder-χ^2-Test.

In unserem Beispiel erfolgte eine ungerichtete Fragestellung, so dass $\chi^2_{krit} = \chi^2_{1;0,95} = 3{,}85$. Der empirische χ^2-Wert übersteigt diesen deutlich, so dass die Nullhypothese verworfen wird. Die Daten legen also nahe, dass sich über die Jahre ein Wertewandel in Bezug auf die Gewichtung von Beruf vs. Familie ergeben hat. Da df = 1 können wir auch die Richtung des Unterschiedes eindeutig interpretieren: Die Diagonale ad ist stärker besetzt als laut H$_0$ erwartet, d. h., dass heutige Väter der Familie höhere Priorität einräumen als das in der Väterkohorte von 1952 der Fall war.

Voraussetzungen

Bei *allen* χ^2-Verfahren (und das gilt auch für die anderen in diesem Kapitel vorgestellten Varianten) sollten die erwarteten Häufigkeiten durchweg größer als 5 sein. Falls das nicht der Fall sein sollte, gibt es weitere Möglichkeiten zur Analyse von 4-Felder-Tafeln (siehe Lautsch & Lienert, 1993, und Stemmler, 2020).

4.5.3 Der k·l-χ^2-Test

Fragestellung

Zwei mehrfach gestufte Variablen werden auf Unabhängigkeit geprüft. Der k·l-χ^2-Test stellt praktisch eine Verallgemeinerung des 4-Felder- χ^2-Tests dar.

Beispiel

Eine Zeitung führte eine Leserumfrage durch und erfasste bei insgesamt $N = 1994$ Leserinnen und Lesern u. a. das Alter (3 Alterskategorien) sowie die thematischen Vorlieben für drei inhaltliche Bereiche (Sport, Politik, Polizei/Gericht). Statistiktutorin Gisela Lambda stellt sich die Frage, ob das Interesse für bestimmte Themengebiete abhängig vom Alter ist. Sie erhält gestaffelt nach Altersgruppen und Themen folgende Kreuztabelle:

Tab. 4.11: Datenbeispiel Leserumfrage (k · l- χ^2-Test)

	< 30 Jahre	30–49 Jahre	> 50 Jahre	Σ
Sport	60	148	94	302
Politik	11	66	107	184
Polizei/Gericht	136	633	739	1508
Σ	207	847	940	1994

4 Prüfung von Unterschiedshypothesen

Die erwarteten Häufigkeiten werden wie beim 4-Felder-χ^2-Test berechnet:

$$f_{e_{i,j}} = \frac{\text{Zeilensumme } i \cdot \text{Spaltensumme } j}{n}$$

Demnach berechnen wir für die erwarteten Häufigkeiten der Tabelle 4.11 folgende Werte:

$$f_{e_{(1,1)}} = \frac{302 \cdot 207}{1994} = 31{,}35$$

$$f_{e_{(1,2)}} = \frac{302 \cdot 847}{1994} = 128{,}28$$

$$f_{e_{(1,3)}} = \frac{302 \cdot 940}{1994} = 142{,}37$$

$$f_{e_{(2,1)}} = \frac{184 \cdot 207}{1994} = 19{,}10$$

$$f_{e_{(2,2)}} = \frac{184 \cdot 847}{1994} = 78{,}16$$

$$f_{e_{(2,3)}} = \frac{184 \cdot 940}{1994} = 86{,}74$$

$$f_{e_{(3,1)}} = \frac{1508 \cdot 207}{1994} = 156{,}55$$

$$f_{e_{(3,2)}} = \frac{1508 \cdot 847}{1994} = 640{,}55$$

$$f_{e_{(3,3)}} = \frac{1508 \cdot 940}{1994} = 710{,}89$$

4.4 Vergleich der zentralen Tendenz bei ordinalskalierten Daten

Im Unterschied zum 4-Felder-χ^2-Test ergibt sich leider keine Vereinfachungsmöglichkeit. Die Bestimmung der Prüfgröße erfolgt über die klassische χ^2-Formel, mit der alle k·l Felder Stück für Stück in ihren Abweichungen der beobachteten und erwarteten Häufigkeiten erfasst und aufsummiert werden:

$$\chi^2_{df=(k-1)\cdot(l-1)} = \sum_{i=1}^{2}\sum_{j=1}^{2} \frac{(f_{o(i,j)} - f_{e(i,j)})^2}{f_{e(i,j)}}$$

Für das Datenbeispiel ergibt sich so:

$$\chi^2_4 = \frac{(60-31,35)^2}{31,35} + \frac{(148-128,28)^2}{128,28} + \frac{(94-142,37)^2}{142,37} + \frac{(11-19,10)^2}{19,10} + \frac{(66-78,16)^2}{78,16} + \frac{(107-86,74)^2}{86,74} + \frac{(136-156,55)^2}{156,55} + \frac{(633-640,55)^2}{640,55} + \frac{(739-710,89)^2}{710,89} = 59,60$$

Entscheidung

Der k·l-χ^2-Test hat (k – 1) · (l – 1) Freiheitsgrade. Die Entscheidung über die Hypothesen erfolgt in gleicher Weise wie bei den anderen χ^2-Verfahren. Allerdings gilt wie immer bei *df* > 1, dass lediglich ungerichtete Fragestellungen möglich sind.

In unserem Beispiel ergeben sich *df* = (3–1) · (3–1) = 4. Der dazugehörige kritische χ^2-Wert lautet für α = 5 % $\chi^2_{df=4}$ = 9,49 (siehe Anhang Tab. F). Der empirische χ^2-Wert ist mit χ^2 = 59,60 deutlich größer, damit muss die Nullhypothese in unserem Beispiel abgelehnt werden. Offensichtlich sind die beiden Merkmale nicht unabhängig voneinander.

4.5.4 Zweimalige Messung: McNemar-Test

Fragestellung

Es liegt ein dichotomes (d. h. zweifach gestuftes) nominales Merkmal vor, welches zu zwei Messzeitpunkten betrachtet wird (Messwiederholung). Es soll geprüft werden, ob sich die Häufigkeiten der Merkmalsstufen über die beiden Messzeitpunkte verändert haben.

Beispiel

In einer verkehrspsychologischen Untersuchung soll geprüft werden, ob eine Rückmeldung der Fahrgeschwindigkeit Autofahrer dazu bringt, sich besser an die gesetzten Tempolimits zu halten. In einer längeren Durchgangsstraße, für die Tempo 30 gilt, wird nach etwa 200 Metern eine sogenannte Geschwindigkeitsanzeigeanlage (GAA) angebracht. Es wird nun für die Autos, die die Straße entlangfahren, jeweils im Streckenabschnitt vor der GAA eine Tempomessung vorgenommen sowie im Streckenabschnitt, der sich an die GAA anschließt. Es soll geprüft werden, ob die GAA eine Wirkung hat und die Autos im 2. Streckenabschnitt seltener mit überhöhter Geschwindigkeit fahren ($\alpha = 0{,}05$).

Die Daten des McNemar-Tests sind als 4-Felder-Tafel darstellbar (aber Vorsicht: Die Fragestellung ist eine andere als beim 4-Felder-χ^2-Test!). Beim McNemar-Test geht es darum, ob sich im Vergleich der beiden gleichartigen Messungen eine Verschiebung der Merkmalsausprägungen ergibt, d. h., ob sich Veränderungen ergeben haben. Daher nennt man ihn auch »test for significance of change«. Da es nur um die Veränderungen geht, werden nur die Häufigkeitsfelder b und c betrachtet, da sich nur hier Unterschiede der beiden Messungen zeigen.

4.4 Vergleich der zentralen Tendenz bei ordinalskalierten Daten

Tab. 4.12: Datenbeispiel der Geschwindigkeit von Autos vor und nach einer Geschwindigkeitsanzeigeanlage (McNemar-Test)

		2. Messung (nach GAA)		
		≤ 30 km/h	> 30 km/h	$\sum$
1. Messung (vor GAA)	≤ 30 km/h	a = 87	b = 13	100
	> 30 km/h	c = 36	d = 64	100
	$\sum$	123	77	200

Hypothesen

Für den McNemar-Test sind sowohl gerichtete wie auch ungerichtete Fragestellungen prüfbar. Bei einer ungerichteten Fragestellung lautet die Nullhypothese, dass die beiden Felder b und c in der Grundgesamtheit gleich verteilt sind (formal: $\pi_b = \pi_c$). Was würden wir in unserem Beispiel erwarten, wenn diese H_0 gelten würde? Es würde letztlich bedeuten, dass die Tempoanzeige die Fahrgeschwindigkeit der Autos nicht systematisch beeinflusst (mal fährt man zu schnell, mal bleibt man im Tempolimit; es müsste also genauso viele Fälle geben, die bei der 1. Messung zu schnell sind, aber bei der 2. Messung das Tempolimit einhalten wie andersrum). Die Alternativhypothese hingegen nimmt einen Unterschied der beiden Felder an (formal: $\pi_b \neq \pi_c$).

Tatsächlich haben wir es in unserem Beispiel mit einer gerichteten Fragestellung zu tun: Wir nehmen ja nicht nur an, dass die Tempoanzeige irgendeinen Einfluss auf das Fahrverhalten hat, sondern einen ganz bestimmten Einfluss ausübt (nämlich einen mäßigenden). Die gerichtete Alternativhypothese würde hier also besagen, dass es häufiger vorkommen wird, dass Autos, die zuerst zu schnell waren, bei der 2. Messung im Tempolimit bleiben (Feld b), als dass andersherum Autos, die zuerst im gemäßigten Tempo fuhren, nach der Tempoanzeige das Tempolimit verletzen (Feld c). Wir vermuten somit H_1: $\pi_b < \pi_c$ und dementsprechend H_0: $\pi_b \geq \pi_c$.

Berechnung

Wie sähe der Erwartungswert bzw. wie sähen die erwarteten Häufigkeiten für die Zellen b und c unter der Annahme der Nullhypothese aus? Der Erwartungswert wird folgendermaßen berechnet:

$$f_{e_b} = f_{e_c} = \frac{b+c}{2}.$$

Wenn man die so ermittelten erwarteten Häufigkeiten und die beobachteten Häufigkeiten in die χ^2-Formel einsetzt und vereinfacht ergibt sich:

$$\chi^2_{df=1} = \frac{(b-c)^2}{b+c}$$

Für unser Beispiel ergibt sich so:

$$\chi^2_1 = \frac{(13-36)^2}{13+36} = \frac{529}{49} = 10{,}80$$

Entscheidung

Die Signifikanzprüfung erfolgt wie bei den anderen χ^2-Verfahren mittels Tabelle F. Wenn der empirisch ermittelte χ^2-Wert den dort tabellierten kritischen Wert erreicht oder übersteigt, wird die Nullhypothese verworfen. Der McNemar-Test hat immer nur einen Freiheitsgrad ($df = 1$), daher sind auch gerichtete Fragestellungen beurteilbar.

In unserem Beispiel haben wir den Fall einer gerichteten Fragestellung und arbeiten daher in Tabelle F mit dem verdoppelten α-Fehler (2·α), um den kritischen Wert zu bestimmen: $\chi^2_{krit} = \chi^2_{df=1;0.90} = 2{,}71$. Die Daten zeigen in der Tat an, dass sich nach der Tempoanzeige weniger Geschwindigkeitsüberschreitungen zeigen als zuvor. Der empirische Prüfwert liegt deutlich über dem kritischen Wert. Es handelt sich also auch um einen signifikanten Unterschied, der die Wirksamkeit der Geschwindigkeitsanzeigeanlage nahelegt.

5 Varianzanalytische Methoden

> **Lernziele**
>
> In diesem Kapitel wird mit der Varianzanalyse eine Vorgehensweise vorgestellt, die die Analyse von komplexeren Designs ermöglicht, in denen mehr als zwei Mittelwerte zu vergleichen sind. Durch die gemeinsame Prüfung der Mittelwerte wird das Problem der α-Fehler-Kumulierung umgangen. Anschließende Einzelvergleiche erlauben eine differenzierte Beurteilung von Gruppenunterschieden.

Im Folgenden werden die Grundprinzipien der varianzanalytischen Methoden an der einfachsten Variante, der einfaktoriellen Varianzanalyse, ausführlich erläutert. Diese Grundprinzipien gelten in ähnlicher Form auch für komplexere Varianten der Varianzanalyse, die im Anschluss kursorisch dargestellt werden.

5.1 Einfaktorielle Varianzanalyse

> **Fragestellung**
>
> Man verwendet eine einfaktorielle Varianzanalyse, wenn man mehr als zwei unabhängige Stichproben hinsichtlich ihres Mittelwerts miteinander vergleichen möchte.

5 Varianzanalytische Methoden

> **Beispiel**
>
> Drei Gruppen von Klienten werden mit unterschiedlichen Therapieformen behandelt. Nach Abschluss der Therapie befragt man die Klienten nach ihrer Zufriedenheit mit der Behandlung. Es soll herausgefunden werden, ob es zwischen den Therapieformen Unterschiede in der Zufriedenheit gibt.

5.1.1 α-Fehler-Kumulation

Will man zwei Mittelwerte aus unabhängigen Stichproben miteinander vergleichen, so ist der t-Test für unabhängige Stichproben das Verfahren der Wahl. Bei drei Therapieformen könnte man daher auf die Idee kommen, die Mittelwertunterschiede jeweils paarweise zu vergleichen und drei t-Tests durchzuführen, um den Einfluss der Therapieform auf die Zufriedenheit zu prüfen (Therapie I vs. Therapie II, Therapie I vs. Therapie III und Therapie II vs. Therapie III). Jeder t-Test wird mit einem vorher festgelegten α-Fehler-Niveau durchgeführt, in der Regel mit $α = 5\%$. Für einen einzelnen t-Test bei $α = 0{,}05$ gilt, dass ein irrtümliches Verwerfen der H_0 mit einer Wahrscheinlichkeit von 0,05 erfolgt (Irrtumswahrscheinlichkeit). Das bedeutet also, dass man bei 100 t-Tests 5 per Zufall signifikante Ergebnisse zu erwarten hätte. Dementsprechend gilt umgekehrt, dass die Wahrscheinlichkeit, die H_0 korrekterweise beizubehalten, bei $p = 0{,}95$ liegt.

Wie hoch ist nun die Wahrscheinlichkeit, die H_0 bei zwei voneinander unabhängigen t-Tests in beiden Fällen (korrekterweise) beizubehalten? Laut dem Multiplikationstheorem ergibt sich dafür eine Wahrscheinlichkeit von $p = 0{,}95 \cdot 0{,}95 = 0{,}9025$. Daraus folgt, dass die Wahrscheinlichkeit, dass mindestens einer der beiden t-Tests per Zufall ein signifikantes Ergebnis erbringt, viel größer ist als das von uns in den beiden Einzeltests angelegte α-Fehler-Niveau, nämlich fast 10%. Diese Erhöhung des Fehler-Niveaus bei multiplem Testen nennt man α-Fehler-Kumulierung bzw. Inflation des α-Fehlers und sie stellt ein Problem dar, wenn wir mehrere Mittelwerte paarweise vergleichen wollen, denn das Fehler-Niveau steigt mit jedem weiteren Test an.

5.1 Einfaktorielle Varianzanalyse

Allgemein ergibt sich die Wahrscheinlichkeit, dass bei m unabhängigen Einzeltests mindestens einer auf dem gesetzten α-Fehler-Niveau ein signifikantes Ergebnis zeigt mit π $(k \geq 1) = 1 - (1 - \alpha)^m$.
In der Statistik unterscheidet man zwischen der *testwise error rate*, also der Fehlerrate, die bei Einzeltests auftritt (z. B. ein t-Test, um zwei Mittelwerte zu vergleichen), und der *familywise error rate*, der Wahrscheinlichkeit, (mindestens) einen Fehler zu begehen, wenn mehrere Tests durchführt werden, also z. B. drei Therapieformen mittels dreier t-Tests paarweise miteinander verglichen werden. Mit Hilfe der Varianzanalyse können wir mehrere Mittelwerte gleichzeitig miteinander vergleichen, d. h., wir müssen nur eine Signifikanzprüfung vornehmen, um zu beurteilen, ob Unterschiede zwischen den Mittelwerten auftreten. Es kommt nicht zu einer α-Fehler-Kumulierung, weil nur ein Test durchgeführt wird und daher sozusagen familywise error und testwise error identisch sind.

Die Varianzanalyse wird auch ANOVA abgekürzt, das kommt von dem englischen Begriff ANalysis Of VAriance. Die Prüfung der Mittelwertunterschiede erfolgt, indem geprüft wird, inwieweit die Unterschiedlichkeit der abhängigen Variablen (= die Varianz der AV) durch die Gruppenzugehörigkeit (= die unabhängige Variable; UV) erklärt werden kann. Man bezeichnet die UV in der ANOVA auch als »Faktor«, der mehrfach gestuft ist (p Stufen = p Stichproben). Wenn die verschiedenen Stichproben unterschiedlich »behandelt« werden (z. B. verschiedene Experimentalbedingungen) spricht man auch von »Treatments«. In unserem Beispiel mit der Therapiestudie ist die AV die Zufriedenheit der Klienten mit der Therapie. Der Faktor ist die Therapieform und hat 3 Stufen (weil 3 verschiedene Therapien verglichen werden). Da nur eine UV vorhanden ist, also ein Faktor, spricht man auch von einer *einfaktoriellen Varianzanalyse*. Diese ist die einfachste Form, anhand derer wir das Grundprinzip der varianzanalytischen Vorgehensweise im Detail erläutern wollen. Bei komplexeren Versuchsplänen mit z. B. mehreren Faktoren, mehrfachen Messungen oder der Berücksichtigung von Kontrollvariablen kommen Varianten der Varianzanalyse zum Tragen, die aber jeweils auf die gleichen Prinzipien zurückgehen.

5.1.2 Grundprinzip und Durchführung

In Tabelle 5.1 sind Daten zur Beispielfragestellung des Therapievergleichs dargestellt, anhand derer wir die einfaktorielle Varianzanalyse betrachten wollen. Geprüft werden soll, ob sich die Therapieformen in Bezug auf die Zufriedenheit der Klienten unterscheiden (höhere Werte stehen für höhere Therapiezufriedenheit).

Tab. 5.1: Datenbeispiel für einfaktorielle Varianzanalyse (UV = drei unterschiedliche Therapieformen; AV = Zufriedenheit mit der Behandlung; $\overline{A}_i$ = Mittelwert einer Faktorstufe i; Gesamtmittelwert: $\overline{y}$ = 5,60)

	Therapie I	Therapie II	Therapie III
	3	2	7
	5	1	8
	7	4	10
	4	5	10
	7	2	9
$\overline{A}_i$	5,20	2,80	8,80

Hypothesen

Die Nullhypothese besagt, dass alle Mittelwerte aus derselben Grundgesamtheit stammen (inhaltlich: die Zufriedenheit ist unabhängig von der Therapieform). Die Alternativhypothese besagt, dass die Teil-Stichproben aus Populationen mit unterschiedlichen Mittelwerten stammen. Formal lautet die Nullhypothese:

$$H_0 : \mu_1 = \mu_2 = \ldots = \mu_i = \ldots = \mu_p$$

Die dazugehörige Alternativhypothese lautet:

$$H_1 : \mu_i \neq \mu_{i'}$$

5.1 Einfaktorielle Varianzanalyse

Vorsicht! Die Alternativhypothese besagt, dass sich mindestens zwei der Mittelwerte unterscheiden. Sie lautet *nicht*, dass sich alle Mittelwerte unterscheiden (H_1 ist also *nicht* $\mu_1 \neq \mu_2 \neq ... \neq \mu_i \neq ... \neq \mu_p$).

Varianzzerlegung

Die Beantwortung der Fragestellung erfolgt durch die Betrachtung der Varianz der AV: Wird die Gesamtvarianz der Einzelwerte in statistisch relevantem Umfang durch systematische Unterschiede zwischen den verschiedenen Gruppen (Faktorstufen) hervorgerufen? Der Kern bei der Durchführung einer Varianzanalyse besteht darin, diese Gesamtvarianz der Messwerte in systematische (durch die Gruppenzugehörigkeit bedingte) und zufällige (Fehler-)Varianz zu unterteilen und dann zu beurteilen, ob die systematische Varianz die zufällige Varianz signifikant übersteigt. Wenn dem so ist, dann produziert die Gruppenzugehörigkeit überzufällige, statistisch signifikante Unterschiede.

Die Gesamtvarianz (auch als »totale Varianz« bezeichnet) lässt sich mit nachfolgender Formel bestimmen:

$$s^2_{tot} = \frac{\sum_{i=1}^{p} \sum_{m=1}^{n_i} (y_{im} - \bar{y})^2}{N - 1}$$

Der Ausdruck im Zähler stellt die Summe der quadrierten Abweichungen aller Einzelwerte vom Gesamtmittelwert dar. Er wird auch als »totale Quadratsumme« (QS_{tot}) bezeichnet. Die Quadratsummen sind von großer Bedeutung. Tatsächlich werden bei der Varianzanalyse die Varianzen nicht direkt zerlegt, sondern es erfolgt eine Quadratsummenzerlegung. Der einfache Grund ist, dass sich die Quadratsummen additiv verhalten. Bei der einfaktoriellen ANOVA setzt sich die totale Quadratsumme (QS_{tot}) zusammen aus der Unterschiedlichkeit, die durch das Treatment bedingt ist (QS_{Treat}), und dem Fehleranteil (alle anderen Einflüsse; QS_{Fehler}):

$$QS_{tot} = QS_{Treat} + QS_{Fehler}$$

Diese Additivität gilt auch für die zu den Quadratsummen gehörenden Freiheitsgrade (df):

$$df_{tot} = df_{Treat} + df_{Fehler}$$

Die Varianzen selbst lassen sich dagegen nicht einfach aufsummieren. Sie ergeben sich jeweils als Quotient der zugrundeliegenden QS und df. Da die Varianzen über die Quadratsummen berechnet werden, indem man sie an den Freiheitsgraden mittelt, bezeichnet man sie in der ANOVA auch gerne als »mittlere Quadrate« (MQ).

$$MQ = \frac{QS}{df}$$

Die Gesamtvarianz ergibt sich demnach durch:

$$MQ_{tot} = \frac{QS_{tot}}{df_{tot}}$$

Die totale Quadratsumme repräsentiert, wie schon dargestellt, die Summe der quadrierten Abweichungen aller Einzelwerte vom Gesamtmittelwert:

$$QS_{tot} = \sum_{i=1}^{p} \sum_{m=1}^{n_i} (y_{im} - \bar{y})^2$$

Die Freiheitsgrade betragen $N - 1$ (zum Konzept der Freiheitsgrade ▶ Kap. 2.2.2).
Wenn wir das auf unser Datenbeispiel (▶ Tab. 5.1) anwenden, ergibt sich demnach:

$$QS_{tot} = (3 - 5{,}60)^2 + (5 - 5{,}60)^2 + (7 - 5{,}60)^2 + \ldots + (9 - 5{,}60)^2 = 121{,}60$$

$$df_{tot} = 15 - 1 = 14$$

$$\rightarrow MQ_{tot} = \frac{121{,}60}{14} = 8{,}69$$

5.1 Einfaktorielle Varianzanalyse

Nun geht es an die Zerlegung der totalen Quadratsumme in QS_{Treat} und QS_{Fehler}. Die QS_{Treat} beinhaltet die systematische Variabilität, die durch die Treatmentbedingungen hervorgerufen wird; die QS_{Fehler} beinhaltet die unsystematischen Fehler aller Messwerte.

Um zu verstehen, wie die Treatment-QS bestimmt wird, hilft folgender Gedankengang: Wenn Einzelwerte ausschließlich vom Treatment beeinflusst wären und nichts anderes einen Einfluss hätte, müssten sie innerhalb der Gruppen identisch sein, denn innerhalb einer Faktorstufe ist das Treatment identisch. Es geht bei der QS_{Treat} ausschließlich um die Unterschiedlichkeit aufgrund des Treatments. Diese kann vollständig durch die Abweichungen der Gruppenmittelwerte vom Gesamtmittelwert dargestellt werden. Die Einzelwerte innerhalb der Gruppe werden hier sozusagen durch den Gruppenmittelwert repräsentiert. Um alle Einzelwerte einzubeziehen genügt es, die Abweichung durch die Gruppengröße n_i zu gewichten:

$$QS_{Treat} = \sum_{i=1}^{p} n_i \cdot (\overline{A}_i - \overline{y})^2$$

Bei gleichen Gruppengrößen n ergibt sich vereinfacht:

$$QS_{Treat} = n \cdot \sum_{i=1}^{p} (\overline{A}_i - \overline{y})^2$$

Da die Unterschiedlichkeit über die Gruppen hinweg betrachtet wird, ergeben sich die Freiheitsgrade anhand der Anzahl der Faktorstufen (p):

$$df_{Treat} = p - 1$$

Die Treatmentvarianz ergibt sich wiederum aus dem Bruch der Quadratsumme im Zähler zu den Freiheitsgraden im Nenner:

$$MQ_{Treat} = \frac{QS_{Treat}}{p - 1}$$

5 Varianzanalytische Methoden

Angewendet auf unser Datenbeispiel ergibt sich hierbei:

$$QS_{Treat} = 5 \cdot (5{,}20 - 5{,}60)^2 + 5 \cdot (2{,}80 - 5{,}60)^2 + 5 \cdot (8{,}80 - 5{,}60)^2 = 91{,}20$$

$$df_{Treat} = 3 - 1 = 2$$

$$MQ_{Treat} = \frac{91{,}20}{2} = 45{,}60$$

Die Fehler-QS ließe sich nun aufgrund der Additivität der Quadratsummen einfach als Differenz zwischen QS_{tot} und QS_{Treat} bestimmen, also 121,60–91,20 = 30,40.

Wir wollen uns aber auch die Bestimmung von QS_{Fehler} näher anschauen, um dessen Logik nachvollziehen zu können. Auch hierzu wieder ein kleiner Gedankengang: Bei der systematischen Variabilität wie sie in der Treatment-QS erfasst ist, sind wir davon ausgegangen, dass innerhalb der Gruppen keine Unterschiede auftreten dürften, da alle Personen dem gleichen Treatment unterlagen. Nun finden wir aber in den Daten sehr wohl unterschiedliche Messwerte auch in ein und derselben Gruppe. Diese ist offensichtlich unsystematisch in dem Sinne, dass sie nicht durch die Gruppenzugehörigkeit bedingt ist. Und so erfasst QS_{Fehler} all jene Unterschiedlichkeit, die innerhalb der Gruppen zu Tage tritt. Rechnerisch erhalten wir diese, indem wir die quadrierten Abweichungen der Einzelwerte vom jeweiligen Gruppenmittel erfassen und aufsummieren:

$$QS_{Fehler} = \sum_{i=1}^{p} \sum_{m=1}^{n_i} (y_{im} - \overline{A}_i)^2$$

Streng genommen könnten wir das zunächst getrennt für die p-Faktorstufen tun und diese Abweichungen in der Gruppe über alle Faktorstufen zusammenzählen:

$$QS_{Fehler} = \sum_{i=1}^{p} QS_{Fehler(i)}$$

Das ist natürlich nicht nötig, denn wir können das mit der erstgenannten Bestimmung auch in einem Schritt erledigen. Die Vorstellung ist aber ganz nützlich, um sich über die Freiheitsgrade klar zu werden. Diese sind für jede einzelne Faktorstufe $n_i - 1$ (also die jeweilige Gruppengröße minus 1). Insgesamt ergeben sich die Freiheitsgrade der Fehlervarianz als Gesamtstichprobengröße über alle Faktorstufen ($\Sigma n_i = N$) abzüglich jeweils eines Freiheitsgrads für jede der p Faktorstufen, zusammen also:

$$df_{Fehler} = N - p$$

Die Fehlervarianz erhalten wir daher mit:

$$MQ_{Fehler} = \frac{QS_{Fehler}}{N - p}$$

Im Datenbeispiel ermitteln wir auf diese Weise:

$$QS_{Fehler} = (3 - 5{,}20)^2 + (5 - 5{,}20)^2 + \ldots$$
$$+ (2 - 2{,}80)^2 + (1 - 2{,}80)^2 + \ldots$$
$$+ \ldots + (10 - 8{,}80)^2 + (9 - 8{,}80)^2 = 30{,}40$$
$$df_{Fehler} = 15 - 3 = 12$$
$$MQ_{Fehler} = \frac{30{,}40}{12} = 2{,}53$$

Signifikanzprüfung

Getestet wird, ob die durch das Treatment bedingte Unterschiedlichkeit (MQ_{Treat}) die Fehlervarianz (MQ_{Fehler}) signifikant übersteigt. Der Vergleich der beiden Varianzen erfolgt über einen F-Test:

$$F = \frac{MQ_{Treat}}{MQ_{Fehler}}$$

5 Varianzanalytische Methoden

Die Zähler- und Nenner-Freiheitsgrade entsprechen den Freiheitsgraden der Treatment- bzw. Fehlervarianz.

Die Logik dieses F-Tests im Rahmen der Varianzanalyse ist folgende: MQ_{Fehler} ist letztlich nichts anderes als ein Schätzer für die (um den Einfluss der Treatments bereinigte) Populationsvarianz der AV (s^2). Außerdem postuliert die H_0, dass das Treatment keinen systematischen Einfluss auf die Messwerte hat, die Mittelwerte müssten also gleich sein ($\mu_1 = \mu_2 = ...$). Die Gruppenmittelwerte wären also schlicht Stichprobenrealisierungen eines gemeinsamen Populationsparameters μ. Da es empirische Daten sind, schwanken sie mehr oder weniger stark um diesen. Diese Streuung lässt sich durch den Standardfehler des Mittelwertes ($s_{\bar{x}}$) angeben (▶ Kap. 1.3.1).

Bei Gültigkeit der H_0 wäre daher die Varianz der Mittelwerte der Faktorstufen $s_{\bar{A}}^2 = s_{\bar{x}}^2 = s^2/n$. Wenn man das umformt, erhält man $s^2 = n \cdot s_{\bar{A}}^2$. Die Populationsvarianz (und damit MQ_{Fehler}) entspricht also der n-gewichteten Varianz der Stichprobenmittelwerte. Schreiben wir letzteres aus, erhalten wir:

$$n \cdot s_{\bar{A}}^2 = n \cdot \frac{\sum_{i=1}^{p}(\bar{A}_i - \bar{y})^2}{p-1} = \frac{QS_{Treat}}{df_{Treat}} = MQ_{Treat}$$

Lange Rede, kurzer Sinn: Bei Gültigkeit der H_0 wäre zu erwarten, dass $MQ_{Treat} = MQ_{Fehler}$ ist. Diese Folgerung kann man nutzen: Wenn die Treatmentvarianz wesentlich größer ist als die Fehlervarianz, dann muss das daran liegen, dass das Treatment einen systematischen Einfluss auf die AV ausübt, der über zufällige Schwankungen hinausgeht. Mit dem dargestellten F-Test wird also überprüft, ob MQ_{Treat} die rein durch zufällige Schwankungen bedingte Unterschiedlichkeit der Gruppenmittelwerte (MQ_{Fehler}) signifikant übersteigt.

Die kritischen F-Werte entnehmen wir der Tabelle C im Anhang mit $F_{krit} = F_{(df_{Treat}, df_{Fehler}, 1-\alpha)}$. Es ist zu beachten, dass für die Signifikanzprüfung nur die rechte Seite der F-Verteilung relevant ist. Bei $F < 1$ kann die Alternativhypothese automatisch abgelehnt werden, da sich gar keine über Zufallsschwankungen hinausgehende Varianz zeigt und eine übermäßig niedrige Variabilität der Mittelwerte für die Fragestellung unerheblich ist.

In unserem Beispiel erhalten wir für den abschließenden Hypothesentest:

$$F_{2,12} = \frac{45{,}60}{2{,}53} = 18{,}02$$

Den kritischen F-Wert ermitteln wir per Tabelle C mit 2 Zähler- und 12 Nenner-Freiheitsgraden und $\alpha = 0{,}05$:

$$F_{krit} = F_{(2,12;0,95)} = 3{,}89$$

Der empirisch gefundene F-Wert übersteigt F_{krit} ganz offensichtlich sehr deutlich, so dass wir die H_0 verwerfen. Die Daten sprechen recht klar dafür, dass die verschiedenen Therapieformen in Bezug auf Klientenzufriedenheit Unterschiede aufweisen. Welcher Art diese Unterschiede genau sind, ist damit noch nicht abschließend geklärt. Dazu werden wir später noch kommen.

Varianzaufklärung

Über die Signifikanzprüfung hinausgehend ist immer auch die Frage der praktischen Bedeutsamkeit relevant. Aus den Daten der Varianzanalyse lässt sich recht leicht der durch das Treatment bedingte Anteil an der Gesamtvarianz bestimmen und als Effektstärkemaß nutzen. Die Varianzaufklärung wird mit η^2 (Eta-Quadrat) bezeichnet und unter Rückgriff auf die Quadratsummen ermittelt:

$$\eta^2 = \frac{QS_{Treat}}{QS_{tot}}$$

Im Beispiel ergibt sich: $\eta^2 = 91{,}20/121{,}60 = 0{,}75$. Das heißt, dass die Unterschiede in der Zufriedenheit der Klienten zu 75 % durch die Art der Therapie, an der sie teilgenommen haben, geklärt werden kann.

Voraussetzungen

Voraussetzungen für die ANOVA sind:

- Die Fehlervarianzen in jeder Faktorstufe müssen homogene Streuungen aufweisen und voneinander unabhängig sein.
- Die Messwerte der abhängigen Variablen müssen intervallskaliert sein.
- Die Fehlerkomponenten müssen in den Grundgesamtheiten, denen die untersuchten Stichproben entnommen wurden, normalverteilt sein.

Die Unabhängigkeit der Personen kann immer angenommen werden, wenn keine Messwiederholung vorliegt oder die untersuchten Personen keine über die Gruppen hinwegreichenden Beziehungen zueinander haben (z. B. Eltern und deren Kinder, Geschwister). Die Überprüfung der Homogenität der Fehlervarianzen kann z. B. mit dem Levene-Test erfolgen (▶ Kap. 4.2.2). Die Überprüfung der Normalverteilungsvoraussetzungen kann mit dem KSA-Test erfolgen (▶ Kap. 4.3). Die ANOVA gilt gegenüber Verletzungen ihrer Voraussetzungen bei gleich großen Teil-Stichproben pro Faktorstufe als sehr robust (Schuster & Bortz, 2010).

5.1.3 Einzelvergleiche

Wenn man bei einer einfaktoriellen Varianzanalyse einen signifikanten F-Wert erhalten hat, weiß man zunächst nur, dass es Unterschiede in den Mittelwerten gibt, die nicht mehr im Sinne der H_0 als zufällige Schwankungen interpretiert werden können. Man weiß aber noch nicht, wo die Unterschiede im Detail liegen, also ob sich z. B. der Mittelwert der ersten von dem der zweiten Gruppe unterscheidet oder von dem der dritten oder von beiden etc. Im Anschluss an eine signifikante ANOVA können Einzelvergleiche durchgeführt werden, um die Unterschiede im Detail zu erhellen.

Solche Einzelvergleiche können bereits bei der Planung der Untersuchung als Einzelvergleichshypothesen postuliert worden sein. In diesem Fall spricht man von »a-priori-Vergleichen« oder auch geplanten Kontrasten. Wenn im Vorfeld keine weitergehenden Vermutungen zu spezifischen

5.1 Einfaktorielle Varianzanalyse

Kontrasten formuliert wurden und das signifikante Omnibus-Ergebnis in eher explorativer Weise über eine Vielzahl an Einzelvergleichen geklärt werden soll, so spricht man von »a-posteriori-Vergleichen« oder auch Post-hoc-Analysen. Die Konstruktion der Einzelvergleiche unterscheidet sich in den beiden Fällen nicht grundsätzlich. Was sich unterscheidet, ist die Anzahl der durchgeführten Einzelvergleiche: Bei Post-hoc-Analysen werden sehr viele Einzelvergleiche geprüft (meist werden alle Gruppen paarweise miteinander verglichen; im obigen Therapiebeispiel also Therapie I vs. II, I vs. III und II vs. III). Bei geplanten Kontrasten bleibt es dagegen in der Regel bei nur einem oder wenigen Einzelvergleichen und es kommt häufig vor, dass Stufenkombinationen in den Einzelvergleich einbezogen werden (z. B. Therapie III gegen die anderen beiden Therapien).

Der zentrale Unterschied ist daher, dass bei Post-hoc-Analysen durch die Vielzahl der (explorativen und nicht hypothesengeleiteten) Einzelvergleiche das bereits besprochene Problem der α-Fehler-Kumulierung wieder zum Tragen kommt. Man sollte in diesem Fall daher dem Auftreten von zufällig signifikanten Einzelvergleichen durch angemessene Maßnahmen der α-Fehler-Kontrolle entgegenwirken.

Konstruktion von Einzelvergleichen

Im Prinzip kann man für die Durchführung eines Einzelvergleichs schlicht einen t-Test für unabhängige Stichproben durchführen. Der einzige Unterschied zum in Kapitel 4.1.2 vorgestellten Vorgehen ist, dass man bei einem Einzelvergleich im Anschluss an eine ANOVA anstelle der gepoolten Varianz auf MQ_{Fehler} zurückgreifen kann, um den Standardfehler der Differenz zu bestimmen. Wenn man lediglich Subgruppen miteinander vergleicht, gewinnt man dadurch wegen der höheren Freiheitsgrade an Teststärke.

Eine alternative Möglichkeit, die gedanklich näher an der varianzanalytischen Idee liegt, ist die Quadratsumme des Einzelvergleichs (QS_D) zu bestimmen und damit einen F-Test durchzuführen. Die Bestimmung erfolgt im Prinzip wie für QS_{Treat}, mit dem Unterschied, dass man nur die zu kontrastierenden Subgruppen berücksichtigt. Wenn wir auf das Datenbeispiel aus Tabelle 5.1 zurückgreifen und die Therapieform I und II gegenüberstellen wollen ($\overline{A}_1 = 5{,}20$ vs. $\overline{A}_2 = 2{,}80$), so ergibt sich hierfür zunächst ein gemeinsamer Mittelwert von $\overline{A_1 A_2} = 4{,}00$ und darüber $QS_D = 5 \cdot (5{,}20 - 4{,}00)^2 + 5 \cdot (2{,}80 - 4{,}00)^2 = 14{,}40$. Da bei einem Einzelvergleich immer nur zwei Mittelwerte verglichen werden, gilt immer $df_D = 1$ und somit $MQ_D = QS_D$.

Der F-Test erfolgt äquivalent zum Omnibus-Test, allerdings mit Bezug auf MQ_D (statt MQ_{Treat}):

$$F_{1,12} = \frac{MQ_D}{MQ_{Fehler}} = \frac{14{,}40}{2{,}53} = 5{,}69$$

Die Signifikanzprüfung erfolgt ebenfalls äquivalent über F_{krit}, allerdings mit $df_{Zähler} = df_D = 1$ (auf eine andere Variante im Rahmen des Scheffé-Tests werden wir gleich zu sprechen kommen). Im Beispiel ergibt sich so $F_{krit} = F_{(1,12;0{,}95)} = 4{,}75$. Da der empirisch ermittelte F-Wert F_{krit} übersteigt, ist der Unterschied zwischen beiden Gruppen auf dem 5%-Niveau signifikant.

Eine elegante Variante zur Konstruktion von Einzelvergleichen erfolgt unter Rückgriff auf sogenannte Kontrastgewichte c_i. Man kann jeder Faktorstufe ein Kontrastgewicht zuweisen und diese dann für die weiteren Berechnungen nutzen. So können beliebige Gruppenvergleiche und vor allem auch beliebige Mittelwertkombinationen gegenübergestellt werden. Für die Kontrastgewichte gilt:

- Gruppen mit positivem Kontrastgewicht werden Gruppen mit negativem Kontrastgewicht gegenübergestellt.
- Gruppen mit $c_i = 0$ gehen nicht in den Einzelvergleich ein.
- Die Summe der Kontrastgewichte ergibt $\sum_{i=1}^{p} c_i = 0$.

Um den bereits betrachteten Vergleich von Therapie I vs. II zu erhalten, benötigt man die in Zeile a der Tabelle 5.2 dargestellten Kontrastgewichte, d. h., Therapie I wird Therapie II gegenübergestellt, Therapie III bleibt bei diesem Vergleich außen vor.

Tab. 5.2: Kontrastbildung mittels Kontrastgewichten für Therapiebeispiel (▶ Tab. 5.1)

Kontraste (Beispiele)	Therapie I ($\bar{A}_1$ = 5,20)	Therapie II ($\bar{A}_2$ = 2,60)	Therapie III ($\bar{A}_3$ = 8,80)	D
		Kontrastgewichte c_i		
a	1	−1	0	2,40
b	1	0	−1	−3,60
c	0	1	−1	−6,00
d	½	½	−1	−4,80

Für einen Kontrast D ergibt sich so:

$$D = \sum_{i=1}^{p} c_i \bar{A}_i = c_1 \cdot \bar{A}_1 + c_2 \cdot \bar{A}_2 + \cdots + c_p \cdot \bar{A}_p$$

In unserem Beispiel also: D_a = 1 · 5,20 + (−1) · 2,80 + 0 · 8,80 = 2,40. Das ist nicht zufällig der einfache Mittelwertunterschied der beiden Gruppen ($\bar{A}_1 - \bar{A}_2$) und man hätte das auch einfacher haben können. Der Vorteil der Kontrastgewichte ist, dass sich auf diese Weise QS_D sehr einfach bestimmen lässt:

$$QS_D = \frac{\left(\sum_{i=1}^{p} c_i \cdot \bar{A}_i\right)^2}{\sum_{i=1}^{p} \frac{c_i^2}{n_i}} = \frac{D^2}{\sum_{i=1}^{p} \frac{c_i^2}{n_i}}$$

Bei gleichen Gruppengrößen n vereinfacht sich dies zu:

$$QS_D = \frac{n \cdot D^2}{\sum_{i=1}^{p} c_i^2}$$

Dies ist in unserem Beispiel der Fall, so dass wir für Kontrast D_a erhalten:

$$QS_{D_a} = \frac{n \cdot D^2}{\sum_{i=1}^{3} c_i^2} = \frac{5 \cdot 2{,}40^2}{1^2 + (-1)^2 + 0^2} = 14{,}40$$

Dies entspricht natürlich dem zuvor ermittelten Ergebnis und die weitere Signifikanzprüfung erfolgt in identischer Weise. Man kann mit Hilfe der Kontrastgewichte beliebige andere Vergleiche konstruieren. So ergeben die Kontraste D_a, D_b und D_c einen vollständigen Paarvergleich aller drei Therapien untereinander. Es sind aber wie gesagt auch Mittelwertkombinationen möglich, in denen Gruppen zusammengefasst sind. So vergleicht Kontrast D_d die beiden ersten mit der letzten Gruppe:

$$QS_{D_d} = \frac{n \cdot D^2}{\sum_{i=1}^{p} c_i^2} = \frac{n \cdot \left(\sum_{i=1}^{p} c_i \cdot \overline{A_i}\right)^2}{\sum_{i=1}^{p} c_i^2} =$$

$$\frac{5 \cdot \left(\frac{1}{2} \cdot 5{,}20 + \frac{1}{2} \cdot 2{,}80 + (-1) \cdot 8{,}80\right)^2}{\left(\frac{1^2}{2} + \frac{1^2}{2} + (-1)^2\right)} = 76{,}80$$

Für die weitere Signifikanzprüfung führen wir wieder den bereits bekannten F-Test mit $MQ_D = QS_D$ durch:

$$F_{1,12} = \frac{MQ_{D_d}}{MQ_{Fehler}} = \frac{76{,}80}{2{,}53} = 30{,}36$$

Wir gleichen den empirischen F-Wert wiederum mit $F_{krit} = F_{(1,12;0{,}95)} = 4{,}75$ ab und finden einen deutlich signifikanten Unterschied.

Die Kontraste in den Zeilen a und d haben eine Besonderheit: Sie sind unabhängig, d. h., dass der in einem Vergleich betrachtete Unterschied in einem anderen Vergleich nicht enthalten ist. Man spricht auch von *orthogonalen* Einzelvergleichen. Ein vollständiger Satz orthogonaler Vergleiche besteht immer aus $p - 1$ Kontrasten. In unserem Beispiel sind die Kontraste der Zeilen a und d ein solch vollständiger Satz. In solchen Fällen gilt außerdem, dass sich die QS_{Treat} additiv aus den Quadratsummen der orthogonalen Einzelvergleiche zusammensetzt (bzw. sich vollständig auf diese verteilt). In unserem Fall gilt daher, dass $QS_{D_a} + QS_{D_d} = 14{,}40 + 76{,}80 = 91{,}20 = QS_{Treat}$ ist. Man kann sich die orthogonalen Kontraste auch bildhaft vorstellen: Jeder Kontrast repräsentiert eine einzelne Salamischeibe. Je breiter die Salamischeibe, desto mehr Varianz klärt sie auf und zusammen ergeben sie die ganze Salami (QS_{Treat}). In unserem Fall ist offensichtlich der Vergleich der Therapie III mit den anderen beiden die dickere Salamischeibe (aber auch die andere Salamischeibe, der Vergleich Therapie I vs. II, ist nicht gerade dünn).

Man kann die Orthogonalität zweier Einzelvergleiche durch das Kreuzprodukt der Kontrastgewichte prüfen. Es muss folgende Bedingung erfüllt sein:

$$\sum_{i=1}^{p} c_{i1} \cdot c_{i2} = 0$$

In unserem Beispiel erhält man $1 \cdot ½ + (-1) \cdot ½ + 0 \cdot (-1) = 0$ womit die Unabhängigkeit der beiden Kontraste nach dieser Bedingung bestätigt wäre.

α-Fehler-Kumulierung revisited: Bonferroni-Korrektur und Scheffé-Test

A priori geplante Kontraste beziehen sich oft nur auf einen, vielleicht auch zwei hypothesengeleitete Einzelvergleiche. Das Problem der α-Fehler-Kumulierung ist, v. a. nach einem signifikanten Omnibustest wie der ANOVA, nachrangig. Nimmt man aber explorativ multiple Einzelvergleiche vor, die nicht hypothesengeleitet sind, so kann es leicht vorkommen, dass sich hier zufällig signifikante Gruppenunterschiede zeigen. Solche falschpositiven Einzelvergleiche gefährden die Validität der Ergebnisinterpretation. Es ist daher ratsam, Vorkehrungen dagegen zu treffen.

Eine sehr simple Methode ist die *Bonferroni-Korrektur*, die generell bei multiplen Signifikanztests zum Einsatz kommen kann und nicht auf die Post-hoc-Analyse einer ANOVA beschränkt ist. Anstatt die Signifikanzprüfung mit dem gewählten α-Fehler-Niveau durchzuführen, korrigiert man dieses auf Grundlage der Anzahl der durchgeführten Vergleiche/Tests (m):

5 Varianzanalytische Methoden

$$\alpha^* = \frac{\alpha}{m}$$

In unserem Therapiebeispiel müssten bei einem vollständigen paarweisen Vergleich aller drei Therapien $m = 3$ Einzelvergleiche erfolgen. Nach Bonferroni würden man daher den zulässigen Fehler von $\alpha = 0{,}05$ auf $\alpha^* = 0{,}05/3 = 0{,}017$ korrigieren. Die Bonferroni-Methode ist allerdings sehr konservativ und führt letztlich zu einer Überkorrektur. So ist zwar sichergestellt, dass falsch-positive Ergebnisse selten bleiben, es geht allerdings auch deutlich auf Kosten der korrekt-positiven Ergebnisse.

Ein anderes sehr gebräuchliches und anerkanntes Post-hoc-Verfahren ist der *Scheffé-Test*. Er garantiert, dass die α-Fehler-Wahrscheinlichkeit beliebiger, a posteriori durchgeführter Einzelvergleiche nicht größer ist als das α-Fehler-Niveau des Overall-Tests der ANOVA.

Die Idee des Scheffé-Tests basiert auf der Überlegung, dass die Quadratsumme eines Einzelvergleiches maximal QS_{Treat} erreichen kann. Und es ist auch immer ein Einzelvergleich konstruierbar, für den das gilt. Während also $QS_{D(max)} = QS_{Treat}$ gilt, muss berücksichtigt werden, dass die Freiheitsgrade des Einzelvergleichs mit $df_D = 1$ kleiner sind als $df_{Treat} = p - 1$. Da $MQ = QS/df$, ergibt sich, dass $MQ_{D(max)}$ um den Faktor »$p - 1$« größer ist als MQ_{Treat}. Bei einem unkorrigierten Einzelvergleich könnte es daher passieren, dass dieser signifikant wird, obwohl die Overall-ANOVA gar nicht signifikant würde. Dies wird beim Scheffé-Test verhindert, indem als Korrekturmaßnahme der kritische *F*-Wert angepasst wird:

$$S_{krit} = (p - 1) \cdot F_{(p-1-p,1-\alpha)}$$

Die Signifikanzprüfung kann nun über den Abgleich des empirisch ermittelten *F*-Werts des Einzelvergleichs mit S_{krit} erfolgen und wenn $F_{emp} \geq S_{krit}$ ist, liegt ein signifikanter Gruppenunterschied vor.

Eine andere Möglichkeit ist, den korrigierten *F*-Wert für die Bestimmung einer kritischen Differenz zu nutzen. Vor allem beim paarweisen Vergleich von *p* gleich großen Gruppen lässt sich so sehr einfach ermitteln, welche kritische Schwelle die Mittelwertdifferenz erreichen muss, um im Rahmen des Scheffé-Tests als signifikant zu gelten:

$$D_{krit} = \sqrt{\frac{2 \cdot MQ_{Fehler} \cdot S_{krit}}{n}}$$

In unserem Therapiebeispiel ergibt sich $S_{krit} = (3-1) \cdot 3{,}89 = 7{,}78$ und damit:

$$D_{krit} = \sqrt{\frac{2 \cdot 2{,}53 \cdot 7{,}78}{5}} = 2{,}81$$

Zu beachten ist, dass für die Beurteilung der Signifikanz der Gruppenunterschiede die Richtung irrelevant ist, also das Vorzeichen der Differenz keine Rolle spielt. So kann man anhand der Differenz-Werte in der letzten Spalte von Tabelle 5.2 schnell ablesen, dass lediglich die Kontraste b und c signifikante Gruppenunterschiede anzeigen. Der von uns beim unkorrigierten Test als signifikant identifizierte Einzelvergleich D_a zeigt sich im Scheffé-Test dagegen als unterhalb der kritischen Grenze liegend.

Grundsätzlich lässt sich D_{krit} auch für ungleich große Stichproben bestimmen (siehe z. B. Bortz & Schuster, 2010), allerdings muss dann für jeden zu beurteilenden Einzelvergleich ein eigener D_{krit} bestimmt werden, so dass sich der Vorteil der Testökonomie ein Stück weit verliert.

5.2 Weitere Varianten der Varianzanalyse

Die einfaktorielle Varianzanalyse berücksichtigt nur einen Treatmentfaktor. In komplexeren Untersuchungsdesigns lassen sich mehr als eine UV, Messwiederholungsfaktoren oder weitere Kontrollvariablen einbinden. Dies hat den Vorteil, dass erstens verschiedene Einflussfaktoren parallel betrachtet und somit weitergehende Fragestellungen beantwortet werden können. Zweitens lassen sich auf diese Weise Störvariablen systematisch kontrollieren und die Fehlervarianz reduzieren.

Über verschiedene Varianten der Varianzanalyse ist man in der Lage, solche komplexeren Designs inferenzstatistisch zu prüfen. Die Grundprinzipien der einfaktoriellen Varianzanalyse gelten auch für diese Varianten. Im Folgenden soll lediglich ein kurzer Überblick über solche Varianten der Varianzanalyse gegeben werden, ohne diese im Detail zu erläutern. Es soll aber klar werden, worin sie sich im Kern von der Grundform der einfaktoriellen ANOVA unterscheiden und wie dies nützlich sein kann.

5.2.1 Zweifaktorielle Varianzanalyse

Zwei- und mehrfaktorielle Versuchspläne betrachten den Einfluss zweier oder mehrerer UVs auf eine AV. Jede weitere UV kann für sich genommen von inhaltlich-theoretischer Bedeutung sein. Zusätzlich ergibt sich durch die Hinzunahme weiterer Faktoren die Möglichkeit, Effekte aufzudecken, die sich aus der Kombination mehrerer UVs ergeben (sogenannte Interaktionen). Solche Interaktionen können inhaltlich sehr interessant sein. Es bedeutet, dass die Wirkung eines Faktors von der Ausprägung des anderen Faktors abhängt. Nehmen wir unser Beispiel aus Tabelle 5.1: Wenn man hier einen zweiten Faktor B mit q Faktorstufen, z. B. das Geschlecht, hinzufügt, dann könnte es eine Interaktion zwischen der Art der Therapie (Faktor A) und dem Geschlecht geben, derart, dass die Zufriedenheit der Therapie I beispielsweise bei Frauen höher ausfällt als bei Männern, dagegen könnte es bei Therapie II genau andersrum sein. Die Interaktion besteht darin, dass die Zufriedenheit mit einer bestimmten Therapieform nicht über alle Personen gleich ausfällt, sondern von der Ausprägung des anderen Faktors, dem Geschlecht, abhängt (Interaktion AxB).

Bei einer zweifaktoriellen ANOVA sieht die Quadratsummenzerlegung folgendermaßen aus:

$$QS_{tot} = QS_A + QS_B + QS_{AxB} + QS_{Fehler}$$

Ein zusätzlicher Effekt der Hinzunahme weiterer UVs ist, dass sich QS_{Fehler} reduziert. Die Gesamtvariabilität (QS_{tot}) und auch die Variabilität, die durch Faktor A eingebracht wird (QS_A mit $df = p - 1$), sind unverändert. Zusätzlich wird nun aber der Einfluss der zweiten Variablen (Faktor B → QS_B mit $df = q - 1$) sowie der Einfluss der Interaktion der beiden UVs (QS_{AxB} mit $df = [p - 1] \cdot [q - 1]$) als Teil der systematischen Variabilität in Rechnung

5.2 Weitere Varianten der Varianzanalyse

gestellt, so dass für die »Restvariabilität« (QS_{Fehler} mit $df_{Fehler} = N - p \cdot q$) weniger Raum bleibt. Wenn der zusätzliche Faktor für die AV von Bedeutung ist, wird das in der Folge zu einer verbesserten Teststärke bei der Effektprüfung des anderen Faktors beitragen. Abbildung 5.1 veranschaulicht die veränderte QS-Zerlegung gegenüber einer einfaktoriellen ANOVA.

	QS_{tot}			
1-faktorielle ANOVA	QS_{Treat}			QS_{Fehler}
2-faktorielle ANOVA	$QS_{Faktor\,A}$	$QS_{Faktor\,B}$	QS_{AxB}	QS_{Fehler}

Abb. 5.1: Quadratsummenzerlegung der ein- und zweifaktoriellen Varianzanalyse

Die Bestimmung der Varianzen (MQ) erfolgt wie bereits für die einfaktorielle ANOVA beschrieben, als Quotient der jeweiligen QS/df.

Auch die Signifikanzprüfung bleibt wie gehabt, mit dem Unterschied, dass zwei Haupteffekte (A sowie B) und zusätzlich ein Interaktionseffekt (AxB) geprüft werden können:

$$F_A = \frac{MQ_A}{MQ_{Fehler}}; F_B = \frac{MQ_B}{MQ_{Fehler}}; F_{AxB} = \frac{MQ_{AxB}}{MQ_{Fehler}}$$

Die Logik der zweifaktoriellen Varianzanalyse kann auch auf drei oder mehr Faktoren erweitert werden mit den sich daraus ergebenden zusätzlichen Interaktionen. Ein Problem ist allerdings, dass Interaktionen höherer Ordnung meist kaum schlüssig interpretierbar sind bzw. nur dann interpretiert werden sollten, wenn eine klare, theoretisch begründete a-priori-Hypothese vorliegt. Grundsätzlich sollten zusätzliche Faktoren nur dann hinzugefügt werden, wenn von ihnen eine eindeutige eigenständige Wirkung, zumindest eine relevante Interaktion, mit einem anderen Faktor erwartet wird. Wenn es lediglich darum geht, Störvariablen zu kontrollieren, wäre eine Kovarianzanalyse (▶ Kap. 5.2.3) oder auch ein Messwiederholungsdesign (▶ Kap. 5.2.2) angemessener.

5 Varianzanalytische Methoden

5.2.2 Varianzanalyse mit Messwiederholungsfaktor

Die Erweiterung des t-Tests für abhängige Stichproben (▶ Kap. 4.1.3) auf drei und mehr Messzeitpunkte stellt die ANOVA mit Messwiederholungsfaktor dar. Nehmen wir als Beispiel eine Stichprobe, bei der die Depressivität zu den vier Jahreszeiten (Frühling, Sommer, Herbst, Winter) gemessen wird. Der Messwiederholungsfaktor *Jahreszeit* bestünde nun aus $p = 4$ Stufen.

Die Gesamtvariabilität der Messwerte setzt sich aus den jahreszeitlichen Schwankungen der Messwerte innerhalb der Probanden ($QS_{innerhalb}$) und den Unterschieden in den generellen Depressivitätslevels zwischen den Probanden ($QS_{zwischen}$) zusammen:

$$QS_{tot} = QS_{innerhalb} + QS_{zwischen}$$

Allerdings sind die Unterschiede zwischen den Probanden für die Analyse bedeutungslos, d. h., es wird nur $QS_{innerhalb}$ betrachtet. Diese setzt sich wiederum zusammen aus systematischen Schwankungen im Jahresverlauf, die für alle Probanden vergleichbar sind (QS_{Zeit} mit $df_{Zeit} = p - 1$), sowie unsystematischen Schwankungen über die Jahreszeiten, die über die Probanden hinweg inkonsistent sind (z. B. Messfehler, unterschiedliche Entwicklungen der Probanden im Jahresverlauf etc.; $QS_{Residual}$ mit $df_{Residual} = [n - 1] \cdot [p - 1]$):

$$QS_{innerhalb} = QS_{Zeit} + QS_{Residual}$$

Bei der Messwiederholungs-ANOVA wird ähnlich wie beim t-Test für abhängige Stichproben die zu berücksichtigende Fehlervarianz dadurch reduziert, dass Unterschiede zwischen Personen keine Bedeutung haben, denn es erfolgt lediglich ein ipsativer Vergleich innerhalb der verbundenen Messungen. Abbildung 5.2 veranschaulicht dies noch einmal anhand der schematischen QS-Zerlegung.

Die Bestimmung der Varianzen (MQ) erfolgt wie gehabt als Quotient von QS/df. Geprüft wird nun, ob die systematische Variabilität über den Messwiederholungsfaktor (MQ_{Zeit}) die Fehlervarianz ($MQ_{Residual}$) überzufällig übersteigt:

5.2 Weitere Varianten der Varianzanalyse

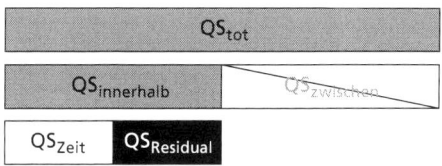

Abb. 5.2: Quadratsummenzerlegung der ANOVA mit Messwiederholung

$$F = \frac{MQ_{Zeit}}{MQ_{Residual}}$$

Wie bei der einfaktoriellen ANOVA können bei Ablehnung der Nullhypothese signifikante Unterschiede zwischen den Messwiederholungsstufen in Form von Einzelvergleichen (ähnlich wie in Kapitel 5.1.3) berechnet werden.

5.2.3 Kovarianzanalyse

Eine recht einfache Möglichkeit, den Einfluss von Störvariablen zu unterbinden, ist ihre statistische Kontrolle. Im Rahmen einer Kovarianzanalyse (auch: ANCOVA von »ANalysis of COVAriance«) kann man zusätzliche Variablen einbinden, deren Einfluss kontrolliert werden soll. Im Grunde genommen erfolgt das, indem zunächst die Kontrollvariablen genutzt werden, um im Rahmen einer Regressionsvorhersage die Werte der abhängigen Variable (y) auf Basis der eingebundenen Kontrollvariablen (x, x_2, x_3 etc.) abzuschätzen ($\hat{y}_i$). Der Unterschied zwischen dieser Regressionsvorhersage und dem tatsächlichen Messwert gibt die Variabilität an, die unabhängig von den Kontrollvariablen verbleibt. Es handelt sich um sogenannte Regressionsresiduen: $y_i^* = y_i - \hat{y}_i$.

Diese Regressionsresiduen werden nun einer ANOVA unterzogen, die im Prinzip so abläuft, wie das bereits beschrieben wurde. Lediglich die Freiheitsgrade der Fehlervarianz reduzieren sich pro berücksichtigter Kontrollvariable zusätzlich um einen Freiheitsgrad.

In der tatsächlichen Umsetzung ist Kovarianzanalyse ein klein wenig umständlicher und man muss noch ein paar Details beachten (siehe hierzu

z. B. Bortz & Schuster, 2010). Aber im Kern ist eine Kovarianzanalyse eine ANOVA über Regressionsresiduen.

6 Prüfung von Zusammenhangshypothesen

Lernziele

In diesem Kapitel wird die Prüfung von Zusammenhangshypothesen dargelegt. Dabei soll sowohl die inferenzstatistische Absicherung der linearen Regression und deren Parameter als auch die Prüfung und der Vergleich von Korrelationskoeffizienten gezeigt werden. Je nach Datenniveau sind unterschiedliche Zusammenhangsmaße erforderlich. Die Darstellung wird sich umfänglich der Produkt-Moment-Korrelation widmen, aber auch grundlegende Prüfstrategien für eine Auswahl anderer bedeutsamer Zusammenhangsmaße berücksichtigen.

6.1 Statistische Absicherung der linearen Regression

Fragestellung

Mit der Regression wird die Frage beantwortet, ob eine Variable X (der Prädiktor) die Variable Y (das Kriterium) vorhersagen kann. Die inferenzstatistische Absicherung besteht darin, die Ungenauigkeit der Regressionsvorhersage insgesamt und der Regressionskoeffizienten bzw. deren Genauigkeit in Form von Konfidenzintervallen zu veranschauli-

6 Prüfung von Zusammenhangshypothesen

chen sowie zu prüfen, ob die Verwendung eines Prädiktors überhaupt eine signifikante Verbesserung der Merkmalsvorhersage erbringt.

Beispiel

Der Dozent M.S. überprüft in einer Kindergartenstudie die Hypothese, dass man aufgrund der Dauer einer täglichen, sinnvollen und intensiven Beschäftigung mit dem Kind (*Quality Time*; gemessen in Stunden) dessen positives Sozialverhalten (intervallskaliertes Rating von 1 bis 10) voraussagen kann. Im Rahmen des Projekts werden dazu 10 Familien untersucht.

Tab. 6.1: Datenbeispiel für Regression; das positive Sozialverhalten (Kriterium) soll aufgrund des Ausmaßes der Quality Time (Prädiktor) vorhergesagt werden

Familie	Quality time (in h) x_i	(positives) Sozialverhalten y_i	$x_i \cdot y_i$
1	1,50	7	10,50
2	0,50	3	1,50
3	1,20	6	7,20
4	0,00	2	0,00
5	1,00	3	3,00
6	2,00	9	18,00
7	1,60	6	9,60
8	1,00	9	9,00
9	1,10	7	7,70
10	1,80	5	9,00

6.1.1 Lineare Regression

Bei der einfachen linearen Regression wird eine Prädiktorvariable genutzt, um eine Kriteriumsvariable vorherzusagen. Von Regression spricht man, wenn diese Vorhersage lediglich eine mehr oder weniger fehlerbehaftete Schätzung der Kriteriumsvariablen erbringt. Man spricht auch davon, dass zwischen Prädiktor- und Kriteriumsvariablen ein stochastischer Zusammenhang besteht (im Falle einer fehlerfreien Bestimmung der Kriteriumsvariablen hätten wir es mit einer Funktionsgleichung bzw. einem deterministischen Zusammenhang zu tun). Im Beispiel ist es die Quality Time mit den Eltern anhand derer das Sozialverhalten von Kindern vorhergesagt werden soll. Es ist klar, dass das kindliche Sozialverhalten von sehr viel mehr abhängt als nur der gemeinsamen Quality Time, es liegt also eine stochastische Vorhersage vor.

Im einfachsten Fall ist es, wie im Beispiel, nur eine Prädiktorvariable X, die in einer linearen Vorhersagegleichung mit der Kriteriumsvariablen Y verknüpft wird:

$$\hat{y}_i = b \cdot x_i + a$$

Die Regressionsgleichung beinhaltet zwei Regressionskoeffizienten: den Steigungskoeffizienten b und die Höhenlage a (▶ Abb. 6.1). Die Benennung des Ergebnisses der Gleichung mit $\hat{y}$ soll anzeigen, dass es sich lediglich um eine Regressionsschätzung handelt, d.h., die Vorhersage ist fehlerbehaftet. Man könnte die Gleichung auch so schreiben, dass der Vorhersagefehler Teil der Gleichung ist und nicht im Vorhersagewert integriert ist. Der Fehler wird dabei mit e (= »error«) bezeichnet:

$$y_i = b \cdot x_i + a + e_i$$

Man bezeichnet e auch als Residuum, weil es der Rest ist, der bei der Vorhersage des tatsächlichen Wertes von y als Fehler übrigbleibt ($e_i = y_i - \hat{y}_i$). Den Steigungskoeffizienten erhält man durch

$$b = \frac{n \cdot \sum_{i=1}^{n} x_i \cdot y_i - \sum_{i=1}^{n} x_i \cdot \sum_{i=1}^{n} y_i}{n \cdot \sum_{i=1}^{n} x_i^2 - \left(\sum_{i=1}^{n} x_i\right)^2}$$

und die Höhenlagen durch

$$a = \bar{y} - b \cdot \bar{x}$$

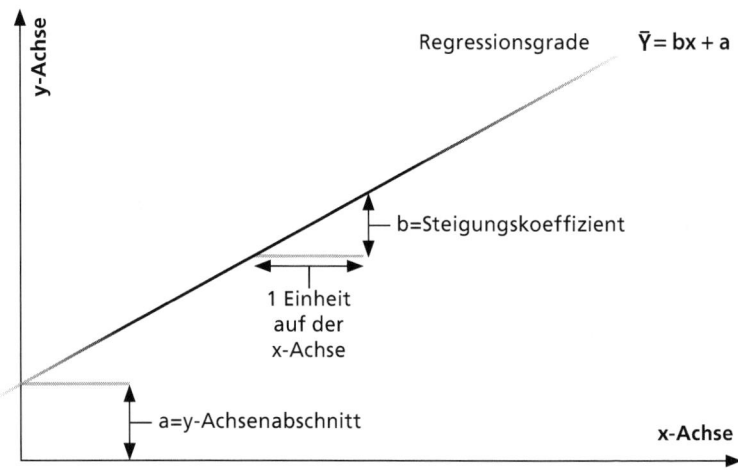

Abb. 6.1: Bestimmungsstücke der Regressionsgeraden

In unserem Beispiel ergeben sich aus den Angaben folgende Summen, Mittelwerte, Varianzen und Standardabweichungen:

$$\sum x_i = 11{,}70; \sum x^2 = 16{,}95;$$

$$\sum y_i = 57{,}00; \sum x_i \cdot y_i = 75{,}50;$$

$$\bar{x} = 1{,}17; s_x^2 = 0{,}36; s_x = 0{,}60;$$

$$\bar{y} = 5{,}70; s_y^2 = 6{,}01; s_y = 2{,}45$$

Als Regressionsgleichung erhalten wir somit:

$$b = \frac{10 \cdot 75{,}50 - 11{,}70 \cdot 57{,}00}{10 \cdot 16{,}95 - 11{,}70^2} = 2{,}70$$

$a = 5{,}70 - 2{,}70 \cdot 1{,}17 = 2{,}54$

$\rightarrow \hat{y}_i = 2{,}70 \cdot x_i + 2{,}54$

6.1.2 Populationsregressionsgleichung und Standardschätzfehler

Die Bestimmung der Regressionsgleichung anhand der Stichprobendaten minimiert die Vorhersagefehler in Bezug auf die Werte der Kriteriumsvariable wie sie in der Stichprobe vorliegen. Die resultierende Regressionsgleichung gilt in dieser Form also genau für die jeweilige Stichprobe. Wenn es uns aber darum geht, von der Stichprobe auf die Population zu schließen, suchen wir eigentlich die in der Population gültige Regressionsgerade, die über alle möglichen Ausprägungen der Prädiktorvariable x_j eine Vorhersage für alle (denkbaren) Fälle der Population ermöglicht. Diese lautet:

$$\hat{y}_j^* = \beta \cdot x_j + \alpha$$

Die Regressionskoeffizienten a und b sind Stichprobenkennwerte, die die Regressionsparameter α und β nur mehr oder weniger genau treffen. Es ist das gleiche Problem, das wir bereits in den vorherigen Kapiteln für den Mittelwert und in den einzelnen Verfahren für eine ganze Reihe anderer Fragestellungen kennengelernt haben. Dass sich a und b von Stichprobe zu Stichprobe mehr oder weniger stark von α und β unterscheiden, führt außerdem dazu, dass auch die Populationsvorhersage $\hat{y}_j^*$ mehr oder weniger stark von dem Vorhersagewert der Stichprobenregressionsgleichung an der Stelle x_j abweicht $(\hat{y}_{x_j})$.

Will man die Ungenauigkeit der Regressionsvorhersage in der Population abschätzen, so muss man zwei Fehlerquellen berücksichtigen: erstens den Fehler der Regressionsvorhersage in der Stichprobe $(y_{i|x_j} - \hat{y}_{x_j})$, und zweitens den Stichprobenfehler, der sich aus der Ungenauigkeit der Regressionskoeffizienten ergibt $(\hat{y}_j^* - \hat{y}_{x_j})$.

Diese Ungenauigkeit lässt sich als Standardschätzfehler quantifizieren:

$$\sigma_E = \sqrt{\frac{\sum_{i=1}^{n} (y_{(i|x_j)} - \widehat{y}_j^*)^2}{n}}$$

Da die Populations-Regressionsgleichung nicht bekannt ist, muss bei der Bestimmung des Standardschätzfehlers auf Stichprobendaten zurückgegriffen werden. Eine erwartungstreue Schätzung ergibt sich über:

$$s_E = \sqrt{\left(s_y^2 - b^2 \cdot s_x^2\right) \cdot \frac{n-1}{n-2}}$$

Im Beispiel würde sich auf diese Weise folgender Standardschätzfehler ergeben:

$$s_E = \sqrt{(6{,}01 - 2{,}70^2 \cdot 0{,}36) \cdot \frac{10-1}{10-2}} = 1{,}95$$

6.1.3 Konfidenzintervall der Regressionsvorhersage

Der Standardschätzfehler kann genutzt werden, um eine Intervallschätzung des wahren Vorhersagewertes vorzunehmen:

$$\Delta_{crit(\widehat{y}_j)} = \widehat{y}_{x_j} \pm t_{(df=n-2;1-\frac{\alpha}{2})} \cdot s_E \cdot \sqrt{\frac{1}{n} + \frac{(x_j - \bar{x})^2}{(n-1) \cdot s_x^2}}$$

Im Prinzip handelt es sich um eine Angabe des Konfidenzinterintervalls für die mittlere Schätzung an der Stelle x_j der Prädiktorvariablen. Dabei wird auf die t-Verteilung mit $n-2$ Freiheitsgraden zurückgegriffen. Die Intervallschätzung der Regressionsvorhersage hat eine große Besonderheit, denn die Breite des Konfidenzintervalls unterscheidet sich je nachdem an welcher Stelle x_j die Vorhersage erfolgt: Je weiter x_j von $\bar{x}$ entfernt ist, desto ungenauer ist die Schätzung und desto breiter wird das resultierende Konfidenzintervall. In der Formel ist das sichtbar durch den Ausdruck im Zähler unter der Wurzel. Hintergrund dieser Besonderheit ist, dass die Abweichung des Steigungskoeffizienten b vom Regressionsparameter β

eine Hebelwirkung in den Rändern hat, während sie in der Nähe Mittelwertes relativ wenig Einfluss hat (▶ Abb. 6.2).

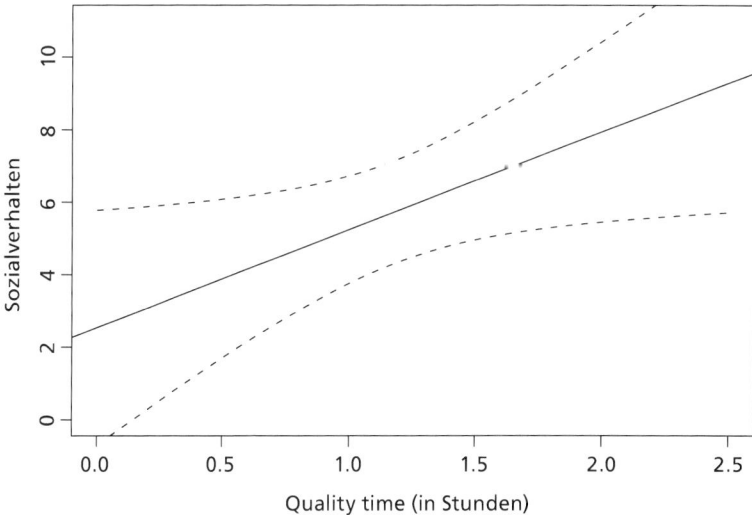

Abb. 6.2: Regressionsvorhersage des Datenbeispiels (▶ Tab. 6.1) mit 95 %-Konfidenzintervall

In unseren Beispieldaten können wir das demonstrieren, indem wir das 95 %-Konfidenzintervall für $x_j = \bar{x} = 1{,}17$ bestimmen und ein weiteres Konfidenzintervall an der Stelle $x_j = 2{,}17$. Für $x_j = 1{,}17$ ergibt sich eine Regressionsvorhersage von $\hat{y}_{(x=1,17)} = 2{,}70 \cdot 1{,}17 + 2{,}54 = 5{,}70$. Für das Konfidenzintervall ergibt sich mit $t_{krit} = t_{(8;\ 0{,}975)} = 2{,}306$ (siehe Anhang Tab. B):

$$\Delta_{crit(\hat{y}_j)} = 5{,}70 \pm 2{,}306 \cdot 1{,}95 \cdot \sqrt{\frac{1}{10} + \frac{(1{,}17 - 1{,}17)^2}{(10-1) \cdot 0{,}36}} = 5{,}70 \pm 1{,}42$$

In diesem Fall wäre der wahre Vorhersagewert zwischen 4,28 und 7,12. Die Breite des Konfidenzintervalls beträgt also 2,84.

Bei $x_j = 2{,}17$ und dem resultierenden Vorhersagewert $\hat{y}_{(x=2,50)} = 2{,}70 \cdot 2{,}17 + 2{,}54 = 8{,}40$ ergibt sich hingegen:

6 Prüfung von Zusammenhangshypothesen

$$\Delta_{crit(\widehat{y_j})} = 8{,}40 \pm 2{,}306 \cdot 1{,}95 \cdot \sqrt{\frac{1}{10} + \frac{(2{,}17 - 1{,}17)^2}{(10 - 1) \cdot 0{,}36}} = 8{,}40 \pm 2{,}87$$

Wir erhalten demnach eine Intervallschätzung von $5{,}53 \leq \widehat{y}_j^* \leq 11{,}27$ mit einer deutlich höheren Breite von 5,74. Die gleiche Konfidenzintervallbreite würde wir an der entsprechenden Stelle unterhalb des Mittelwertes, also bei $x_j = 0{,}17$, erhalten.

6.1.4 Konfidenzintervall des Steigungskoeffizienten

Auch die Regressionskoeffizienten können im Rahmen einer Intervallschätzung inferenzstatistisch abgesichert werden. In den meisten Situationen ist dies nur für den Steigungskoeffizienten von Bedeutung, weswegen wir uns darauf beschränken.

Der Standardfehler des Steigungskoeffizienten lässt sich unter Rückgriff auf den Standardschätzfehler bestimmen:

$$s_b = \frac{s_E}{\sqrt{s_x^2 \cdot (n - 1)}}$$

Das Konfidenzintervall wird nun über die t-Verteilung mit $n - 2$ Freiheitsgraden bestimmt:

$$\Delta_{crit(\beta)} = b \pm t_{\left(df = n-2; 1-\frac{\alpha}{2}\right)} \cdot s_b$$

In dem von uns betrachteten Beispiel erhält man für ein 95%-Konfidenzintervall:

$$s_b = \frac{1{,}95}{\sqrt{0{,}36 \cdot (10 - 1)}} = 1{,}08$$

$$\Delta_{crit(\beta)} = 2{,}70 \pm 2{,}306 \cdot 1{,}08 = 2{,}70 \pm 2{,}49$$

Den Steigungskoeffizienten der Populationsregressionsgeraden können wir also mit einer Irrtumswahrscheinlichkeit von $\alpha = 0{,}05$ im Bereich $0{,}21 \leq \beta \leq 5{,}19$ verorten.

Wenn, wie in unserem Beispiel, das Konfidenzintervall den Wert 0 nicht umfasst, so kann man auch unmittelbar schlussfolgern, dass der Steigungskoeffizient signifikant von β = 0 abweicht und somit ein signifikanter Zusammenhang besteht. Dies kann über einen t-Test mit $n - 2$ Freiheitsgraden auch direkt geprüft werden. Im Falle einer ungerichteten Alternativhypothese (H_1: β ≠ 0) wird die H_0: β = 0 folgendermaßen geprüft:

$$t_{n-2} = \frac{b}{s_b}$$

Im Beispiel ergibt sich so t = 2,70/1,08 = 2,50. Bei $t_{krit} = t_{(df = 8; 0,975)}$ = 2,306 erhalten wir somit ein auf dem 5%-Niveau signifikantes Ergebnis. Die Prüfung kann auch mit gerichteten Alternativhypothesen erfolgen, was im vorliegenden Beispiel naheliegend wäre, da eine positive Verknüpfung der Quality Time mit dem Sozialverhalten vermutet worden war. In diesem Falle hätte also H_1: β > 0 gelautet und H_0: β ≤ 0. Lediglich t_{krit} müsste bei dieser Prüfung angepasst werden, nämlich $t_{(df = 8; 0,95)}$ = 1,860. Der Steigungskoeffizient wäre natürlich auch in diesem Fall signifikant.

Die statistische Prüfung des Steigungskoeffizienten entspricht im Ergebnis der Prüfung der Produkt-Moment-Korrelation r. Tatsächlich kann der Steigungskoeffizient in r überführt werden, indem die Streuung der Prädiktor- und Kriteriumsvariablen herausgerechnet werden:

$$r = b \cdot \frac{s_x}{s_y}$$

Im Beispiel ergibt sich r = 2,70 · (0,60/2,45) = 0,66. Die direkte Prüfung der Produkt-Moment-Korrelation wird im folgenden Kapitel dargestellt. Sie würde im Beispiel ebenfalls ein signifikantes Ergebnis erbringen müssen.

6.1.5 Voraussetzungen

Während die Bestimmung der Regressionskoeffizienten außer dem Intervallskalenniveau keine weiteren Voraussetzungen hat, ist für die inferenzstatistische Absicherung eine bivariate Normalverteilung erforderlich. Wenn eine bivariate Normalverteilung vorliegt, gilt:

- Die beiden Variablen sind jeweils normalverteilt.
- Die Variablen sind auf jeder Stufe der anderen Variablen normalverteilt (sog. Array-Verteilungen); es gilt damit verknüpft, dass die Regressionsresiduen normalverteilt sind.
- Die Array-Verteilungen haben homogene Varianzen (Homoskedastizität).

6.2 Produkt-Moment-Korrelation: Prüfung des linearen Zusammenhangs zweier Variablen

Fragestellung

Die Produkt-Moment-Korrelation beschreibt die Höhe des linearen Zusammenhangs zweier intervallskalierter Merkmale. In diesem Kapitel werden Methoden dargestellt, mit denen überprüft wird, ob ein solcher Zusammenhang vorliegt, ob der Zusammenhang von einem vorgegebenen Koeffizienten in seiner Höhe abweicht oder ob sich zwei empirisch ermittelte Korrelationen voneinander unterscheiden.

6.2.1 Statistische Absicherung der Produkt-Moment-Korrelation

Beispiel

Eine Forschergruppe interessiert sich für den Zusammenhang zwischen dem täglichen Bildschirmmedienkonsum (gemessen in Stunden) und den Fehlern in einem Konzentrationstest. Im Rahmen eines kleinen Forschungsvorhabens werden 16 Kinder näher untersucht und eine

Produkt-Moment-Korrelation von $r_{pm} = 0{,}68$ ermittelt. Die Prüfung soll ungerichtet auf dem 1%-Niveau erfolgen.

Hypothesen

Die Nullhypothese lautet, dass kein linearer Zusammenhang zwischen dem Merkmal X und Y besteht. Die Alternativhypothese hingegen postuliert einen Zusammenhang der beiden Merkmale. Die Hypothesen können sowohl ungerichtet als auch gerichtet formuliert sein (▶ Tab. 6.2).

Tab. 6.2: Statistische Hypothesen bei der Prüfung der Produkt-Moment-Korrelation

H_1	H_0
$\rho > 0$	$\rho \leq 0$
$\rho \neq 0$	$\rho = 0$
$\rho < 0$	$\rho \geq 0$

Berechnung

Wie bei der Regression soll auch die Bestimmung der Produkt-Moment-Korrelation nicht im Detail erläutert werden. Sie kann anhand der Daten folgendermaßen berechnet werden:

$$r_{pm} = \frac{\sum x_i y_i - \sum x_i \cdot \sum y_i}{\sqrt{\left[n \cdot \sum x_i^2 - \left(\sum x_i\right)^2\right] \cdot \left[n \cdot \sum y_i^2 - \left(\sum y_i\right)^2\right]}}$$

Für $\rho = 0$ ist die Kennwertverteilung von r symmetrisch um 0 verteilt. Die Signifikanzprüfung erfolgt genau wie schon bei der statistischen Absicherung des Steigungskoeffizienten über die t-Verteilung mit $n - 2$ Freiheitsgraden:

$$t_{n-2} = \frac{r \cdot \sqrt{n-2}}{\sqrt{1-r^2}}$$

Für unser Beispiel mit $r_{pm} = 0{,}68$ ergibt sich:

$$t_{14} = \frac{0{,}68 \cdot \sqrt{16-2}}{\sqrt{1-0{,}68^2}} = 3{,}47$$

Entscheidung

Die Entscheidung erfolgt anhand des kritischen t-Wertes, der in Tabelle B des Anhangs ermittelt werden kann. In der Beispielfragestellung erfolgt eine zweiseitige Testung gegen H_0: $\rho = 0$ mit $\alpha = 0{,}01$. Als kritischen t-Wert lesen wir daher bei $t_{df;\ 1-\alpha/2} = t_{14;\ 0{,}995} = 2{,}977$ ab. Da $|t_{emp}| \geq t_{krit}$ ist, verwerfen wir die Nullhypothese und schließen daher auf einen in der Population bestehenden Zusammenhang zwischen dem Bildschirmmedienkonsum und den Fehlern im Konzentrationstest. Je größer der durchschnittliche Konsum von Bildschirmmedien, desto größer ist die Anzahl der Fehler im Konzentrationstest.

Voraussetzungen

r_{pm} ist als deskriptiver Wert im Prinzip an keine weiteren Voraussetzungen gebunden. Bei der inferenzstatistischen Prüfung hingegen gelten exakt die gleichen Voraussetzungen wie bei der Regression, es muss also eine bivariate Normalverteilung gegeben sein. Allerdings reagiert der dargestellte t-Test recht robust auf Voraussetzungsverletzungen.

6.2.2 Fisher Z-Transformation

Der eben dargestellte t-Test zur Prüfung der Produkt-Moment-Korrelation ist nur möglich, wenn gegen $\rho = 0$ geprüft wird. Wenn gegen eine Nullhypothese mit $\rho \neq 0$ zu prüfen ist, geht das nicht. Die Stichprobenkennwerteverteilung ist nur für $\rho = 0$ symmetrisch. Wie schon Fisher (1918)

6.2 Produkt-Moment-Korrelation

aufzeigte, ist die Kennwerteverteilung durch die Begrenzung des Korrelationskoeffizienten nach oben und unten ($-1 \leq \rho \leq +1$) an den Rändern gestaucht. Bei $\rho \neq 0$ resultieren dadurch asymmetrische Verteilungen, da sie in Richtung der beiden Ränder ungleich stark gestaucht werden (für $\rho < 0$ eine linkssteile, für $\rho > 0$ eine rechtssteile Verteilung). Eine Möglichkeit, dies zu kompensieren, stellt die Fisher Z-Transformation dar. Es handelt sich um eine logarithmische Transformation, die dazu führt, dass die resultierenden Z-Werte beliebig weit in den positiven bzw. negativen Bereich laufen können:

$$Z = \frac{1}{2} ln\left(\frac{1+r}{1-r}\right)$$

Die Fisher Z-Werte ergeben auch für $\mu_Z \neq 0$ eine symmetrische, näherungsweise normalverteilte Kennwerteverteilung, auf deren Basis inferenzstatistische Fragestellungen bearbeitet werden können. Diese Näherung ist umso genauer, je größer die Stichprobe und je weiter ρ von ± 1 entfernt ist. Der Standardfehler der Fisher Z-Werte lautet:

$$\sigma_Z = \sqrt{\frac{1}{n-3}}$$

Anstatt die Fisher Z-Transformation jeweils einzeln anhand der dargestellten Formel vorzunehmen, kann auf Tabelle G des Anhangs zurückgegriffen werden, in der zu einer Reihe von Korrelationen die korrespondierenden Z-Werte dargestellt sind. Auch die Rücktransformation kann näherungsweise über diese Tabellierung erfolgen. Dies ist bei Durchführung der Analysen »von Hand« einfacher und hinreichend genau. Rechnerisch erfolgt die exakte Rücktransformation unter Rückgriff auf die Eulersche Zahl (e = 2,7182...) als Basis des natürlichen Logarithmus:

$$r = \frac{e^{2Z} - 1}{e^{2Z} + 1}$$

Zusammenfassung von Korrelationen

Korrelationskoeffizienten sind keine intervallskalierten Maßzahlen, d. h., die Abstände zweier Korrelationen sind über den Wertebereich nicht einheitlich zu interpretieren (der Unterschied zwischen $r = 0,05$ und $r = 0,10$ ist als weniger bedeutsam zu interpretieren als der Unterschied von $r = 0,90$ zu $r = 0,95$). Dies hat zur Folge, dass die Ermittlung einer durchschnittlichen Korrelation durch die Bestimmung des arithmetischen Mittels über mehrere Korrelationskoeffizienten nicht sinnvoll ist. Die Fisher Z-transformierten Korrelationen hingegen sind als intervallskalierte Maßzahlen zu interpretieren, so dass auf ihrer Basis eine Durchschnittsbildung erfolgen kann. Dies ist zum Beispiel im Rahmen von Meta-Analysen bedeutsam, bei denen Ergebnisse verschiedener Studien zur gleichen Fragestellung zusammengefasst werden.

Beispiel

Eine Meta-Analytikerin will den Forschungsstand über den Zusammenhang von kognitiven Problemlösefertigkeiten und der sozialen Kompetenz von Kindern zusammenfassen. Sie findet drei vergleichbare Studien zur Fragestellung, die über folgende Zusammenhänge berichten:

- Studie 1: $r_1 = 0,25$ ($n_1 = 48$).
- Studie 2: $r_2 = 0,38$ ($n_2 = 58$).
- Studie 3: $r_3 = 0,48$ ($n_3 = 23$).

Wie hoch ist nun der durchschnittliche Zusammenhang, der sich über die drei Studien hinweg ergibt?

Berechnung

Wie erläutert, erfolgt die Mittelwertbildung auf Basis der Fisher Z-transformierten Werte. Bei gleichgroßen Stichproben genügt ein einfacher

Mittelwert, bei ungleich großen Stichproben wird eine über die Stichprobengröße gewichtete Mittelwertbildung angewendet:

$$\overline{Z} = \frac{\sum_{j=1}^{k}(n_j - 3) \cdot Z_j}{\sum_{j=1}^{k}(n_j - 3)}$$

Im Beispiel ergeben sich folgende Fisher Z-Werte:
$Z_1 = 0{,}255$; $Z_2 = 0{,}400$; $Z_3 = 0{,}523$. Da die Studien unterschiedliche Stichprobengrößen hatten, erfolgt jeweils eine Gewichtung mit $n_j - 3$:

$$\overline{Z} = \frac{0{,}255 \cdot 45 + 0{,}400 \cdot 55 + 0{,}523 \cdot 20}{45 + 55 + 20} = 0{,}366$$

Für die Rücktransformation nutzen wir Tabelle G im Anhang. Der Wert $\overline{Z}$ = 0,366 kommt hier zwar nicht vor, aber mit dem tabellierten Wert von Z = 0,365 kommen wir diesem sehr nahe. Wir entnehmen der linken Spalte die korrespondierende Korrelation von $r = 0{,}35$ und erhalten so die durchschnittliche Korrelation. Diesen Wert würden wir auch bei der rechnerischen Rücktransformation des eigentlichen Wertes $\overline{Z} = 0{,}366$ erhalten.

6.2.3 Bestimmung eines Konfidenzintervalls

Beispiel

Eine Erlanger Grundschullehrerin ermittelt in ihrem Sportunterricht ($n = 33$) einen Zusammenhang zwischen Sprungweite und Körperlänge von $r_{pm} = 0{,}59$. Sie will eine Intervallschätzung mit einem Konfidenzkoeffizienten von 95% vornehmen, um die Lage des wahren Wertes der Korrelation abzuschätzen.

Die Bestimmung des Konfidenzintervalls erfolgt im Prinzip wie in Kapitel 2.2 beschrieben. Allerdings erfolgt die Bestimmung nicht über den Korrelationskoeffizienten selbst, sondern aus den beschriebenen Gründen über die Fisher Z-transformierten Werte:

6 Prüfung von Zusammenhangshypothesen

$$\Delta_{crit(Z)} = Z \pm z_{(1-\frac{\alpha}{2})} \cdot \sigma_Z = Z \pm \frac{z_{(1-\frac{\alpha}{2})}}{\sqrt{n-3}}$$

Die so ermittelten Grenzen des Konfidenzintervalls für die Fisher Z-Werte können dann wieder in die korrespondierenden Korrelationskoeffizienten rücktransformiert werden. Wenn $r \neq 0$, erhält man so übrigens ein asymmetrisches Konfidenzintervall, d.h., die empirisch ermittelte Produkt-Moment-Korrelation liegt nicht in der Mitte der Intervallgrenzen, sondern (leicht) nach außen verschoben.

Berechnung

Für das Beispiel ermitteln wir zunächst den Fisher Z-Wert für $r = 0{,}59$ und erhalten $Z = 0{,}678$; um das 95%-Konfidenzintervall zu ermitteln, benötigen wir ein α-Fehler-Niveau von 5% und somit $z_{(1-\alpha/2)} = 1{,}96$. Die Stichprobengröße ist $n = 33$. So ergibt sich:

$$\Delta_{crit(Z)} = 0{,}678 \pm \frac{1{,}96}{\sqrt{33-3}} = 0{,}678 \pm 0{,}358$$

Die Grenzen des 95%-Konfidenzintervalls der Fisher Z-Werte liegen also zwischen $Z_{\text{Untergrenze}} = 0{,}329$ und $Z_{\text{Obergrenze}} = 1{,}036$. Wir nehmen die Rücktransformation in die Korrelationskoeffizienten entweder rechnerisch vor oder indem wir in Tabelle G beim jeweils nächstliegenden Fisher Z-Wert den korrespondierenden Wert für die Korrelation ablesen und erhalten als Intervallgrenzen für die Produkt-Moment-Korrelation $r_{\text{Untergrenze}} = 0{,}32$ und $r_{\text{Obergrenze}} = 0{,}78$. Mit einer Irrtumswahrscheinlichkeit von 5% vermuten wir die wahre Korrelation also bei $0{,}32 \leq \rho \leq 0{,}78$.

6.2.4 Statistische Absicherung der Korrelation gegen Nullhypothesen mit $\rho_0 \neq 0$

Beispiel

Aus einer Vielzahl an Untersuchungen zu verschiedenen Disziplinen wird ein genereller Zusammenhang zwischen Körpergröße und Sportleistungen von $\rho = 0{,}35$ angenommen. Die Lehrerin aus dem vorigen Beispiel vermutet, dass der Zusammenhang beim Weitsprung bedeutsamer sein müsste und will prüfen, ob der von ihr gefundene Zusammenhang von $r = 0{,}59$ ($n = 33$) signifikant höher ausfällt ($\alpha = 0{,}05$).

Hypothesen

Die zu prüfende Nullhypothese lautet, dass der Korrelationskoeffizient einer vorgegebenen Korrelation entspricht, also $H_0: \rho = \rho_0$. Die Alternativhypothese formuliert hingegen eine Abweichung, also $H_1: \rho \neq \rho_0$. Die Hypothesen können, wie im Beispiel, auch gerichtet formuliert werden, sodass sich das bereits aus anderen Testverfahren bekannte, in Tab. 6.3 zusammengefasste Schema ergibt.

Tab. 6.3: Statistische Hypothesen bei der Prüfung der Produkt-Moment-Korrelation mit $\rho_0 \neq 0$

H_1	H_0
$\rho \neq \rho_0$	$\rho = \rho_0$
$\rho > \rho_0$	$\rho \leq \rho_0$
$\rho < \rho_0$	$\rho \geq \rho_0$

Berechnung

Aufgrund der bereits geschilderten Asymmetrie der Kennwerteverteilung der Korrelation bei $\rho \neq 0$ ist auch in diesem Fall über die Fisher Z-Werte zu arbeiten. Diese sind wie bereits dargestellt näherungsweise normalverteilt mit $\mu_Z = Z_0$ und dem Standardfehler: $\sigma_Z = \sqrt{1/(n-3)}$. Die Signifikanzprüfung kann daher über einen z-Test erfolgen (Vorsicht: den kleinen z-Wert der Standardnormalverteilung und das große Fisher-Z nicht verwechseln):

$$z = \frac{Z - Z_0}{\sigma_z} = \sqrt{n-3} \cdot (Z - Z_0)$$

Für unser Rechenbeispiel greifen wir auf den bereits im vorigen Abschnitt ermittelten Fisher Z-Wert zurück ($r = 0{,}59 \rightarrow Z = 0{,}678$) und nehmen auch eine Fisher Z-Transformation des durch die H_0 vorgegebenen Populationsparameters vor ($\rho_0 = 0{,}35 \rightarrow Z_0 = 0{,}365$).

$$z = \sqrt{33-3} \cdot (0{,}678 - 0{,}365) = 1{,}71$$

Streng genommen prüfen wir dabei die Nullhypothese $Z = Z_0$ gegen die Alternativhypothese $Z \neq Z_0$, was aber letztlich äquivalent zu der oben genannten Prüfung der Korrelation ist. Die Entscheidung erfolgt anhand des kritischen z-Wertes, der bei einseitigem Test und $\alpha = 0{,}05$ bei $z_{krit} = z_{(1-\alpha/2)} = z_{0{,}95} = 1{,}65$ liegt. Der empirische z-Wert liegt extremer ($z_{emp} \geq z_{krit}$) und zeigt eine signifikant stärkere Korrelation als $\rho = 0{,}35$ an.

6.2.5 Vergleich von zwei Korrelationen aus unabhängigen Stichproben

Beispiel

Eine Studentin untersucht an einer deutschen Stichprobe den Zusammenhang zwischen Tierliebe und Fleischkonsum (gemessen als ›Anzahl der Mahlzeiten mit Fleischverzehr in der Woche‹) mit einer Produkt-

Moment-Korrelation und erhält einen Wert von $r_1 = -0{,}54$ ($n_1 = 53$). In einer vergleichbaren Studie in den USA stößt unsere Studentin auf eine Korrelation von $r_2 = -0.67$ ($n_2 = 73$). Sie möchte wissen, ob sich die beiden Studien in ihren Korrelationen signifikant unterscheiden ($\alpha = 0{,}05$).

Hypothesen

Die Nullhypothese lautet, dass die beiden Korrelationskoeffizienten gleich groß sind bzw. sich nur zufallsbedingt voneinander unterscheiden und damit aus derselben Grundgesamtheit stammen. Die Alternativhypothese postuliert einen Unterschied der Korrelation in den zugrunde liegenden Populationen. Im ungerichteten Fall lauten die Hypothesen demnach:

$H_1 : \rho_1 \neq \rho_2$ und $H_0 : \rho_1 = \rho_2$

Die Hypothesen können auch gerichtet formuliert werden mit $H_1: \rho_1 < \rho_2$ und $H_0: \rho_1 \geq \rho_2$ bzw. $H_1: \rho_1 > \rho_2$ und $H_0: \rho_1 \leq \rho_2$.

Berechnung

Die beiden Korrelationskoeffizienten können nicht direkt miteinander verglichen werden. Die Prüfung erfolgt wiederum über die Fisher Z-transformierten Werte. Geprüft wird daher die Differenz der Fisher Z-Werte aus den beiden Stichproben. Auch die Verteilung der Differenzwerte kann durch eine Normalverteilung approximiert werden. Daher kann die Prüfung per z-Test erfolgen:

$$z = \frac{Z_1 - Z_2}{\sigma_{(Z_1 - Z_2)}}$$

wobei

$$s_{(Z_1 - Z_2)} = \sqrt{\frac{1}{n_1 - 3} + \frac{1}{n_2 - 3}}$$

6 Prüfung von Zusammenhangshypothesen

In unserem Beispiel ergeben sich für die Fisher Z-Werte $Z_1 = 0{,}604$ (für $r_1 = 0{,}54$) und $Z_2 = 0{,}811$ (für $r_2 = 0{,}67$). Für den Standardfehler der Differenz der Fisher Z-Werte ergibt sich mit $n_1 = 53$ und $n_2 = 73$:

$$s_{(Z_1-Z_2)} = \sqrt{\frac{1}{53-3} + \frac{1}{73-3}} = 0{,}185$$

Für den z-Test ermitteln wir daher:

$$z = \frac{(-0{,}604) - (-0{,}811)}{0{,}185} = 1{,}12$$

Entscheidung

Die Fragestellung war ungerichtet, so dass wir bei $\alpha = 0{,}05$ mit $z_{(1-\alpha/2)}$ arbeiten und $z_{krit} = 1{,}96$ nutzen. Da $|z_{emp}| < z_{krit}$, behalten wir die H_0 bei und gehen davon aus, dass die beiden Korrelationen keinen signifikanten Unterschied zwischen den Populationskorrelationen anzeigen. Der Zusammenhang zwischen Tierliebe und Fleischkonsum scheint in beiden Ländern vergleichbar stark ausgeprägt zu sein.

Vergleich von zwei Korrelationen aus abhängigen Stichproben

Die dargestellte Prüfung des Unterschieds zweier Korrelationen setzt voraus, dass diese aus unabhängigen Stichproben stammen. Falls zwei Korrelationen, die an derselben Stichprobe gewonnen wurden, miteinander verglichen werden sollen, müssen diese Abhängigkeiten bei der Bestimmung des Standardfehlers berücksichtigt werden. Typische Anwendungsbeispiele ergeben sich bei cross-lagged panel designs oder wenn der Zusammenhang zweier Variablen zu einer dritten Variablen verglichen werden soll. Die Korrektur der Standardfehler ist recht aufwendig und soll hier nicht dargestellt werden (siehe stattdessen z.B. Bortz & Schuster, 2010).

6.3 Spezielle Korrelationskoeffizienten

Die Produkt-Moment-Korrelation kommt bei intervallskalierten Variablen zur Anwendung. Häufig jedoch geht es um Variablen, die ein anderes Datenniveau aufweisen und deren Zusammenhang mit anderen Maßen zu beschreiben ist. Tabelle 6.4 gibt eine Übersicht über einige typische Zusammenhangsmaße für verschiedene Datenkonstellationen.

Tab. 6.4: Übersicht über typische Zusammenhangsmaße in Abhängigkeit vom Skalenniveau

		Variable 2	
	Skalenniveau	Dichotom	Ordinalskala
Variable 1	Intervallskala	Punktbiseriale Korrelation	Rangkorrelation nach Spearman
	Ordinalskala	Biseriale Rangkorrelation	
	Dichotom	Phi-Koeffizient	

Für alle genannten Korrelationsmaße ist die Prüfprozedur in diesem Buch bereits dargestellt worden. In einigen Fällen sind es lediglich Varianten der Produkt-Moment-Korrelation und sie können in gleicher Weise geprüft werden, in anderen Fällen können die korrelativen Hypothesen auch als Unterschiedshypothesen formuliert und mit den dafür bereits besprochenen Verfahren geprüft werden.

In allen Fällen soll im Folgenden die Signifikanzprüfung für die Fragestellung betrachtet werden, ob überhaupt ein Zusammenhang besteht, also gegen die H_0: $\rho = 0$ geprüft werden. In allen Fällen können neben der ungerichteten Alternativhypothese (H_1: $\rho \neq 0$) auch gerichtete Hypothesen per einseitigem Test geprüft werden. Wie immer ist in diesen Fällen darauf zu achten, ob die zu prüfende Korrelation überhaupt in die postulierte Richtung weist. Andernfalls erübrigt sich eine Signifikanzprüfung von vornherein.

6.3.1 Varianten der Produkt-Moment-Korrelation: Punktbiseriale Korrelation und Rangkorrelation nach Spearman

Die punktbiseriale Korrelation ist letztlich eine vereinfachte Berechnungsvariante der Produkt-Moment-Korrelation, die sich ergibt, wenn eine der beiden Variablen in dichotomer Form vorliegt. Ähnliches gilt für die Rangkorrelation nach Spearman. Diese entspricht einer Produkt-Moment-Korrelation zweier Variablen, die rangtransformiert wurden. In beiden Fällen können wir auf die Prozeduren zur statistischen Absicherung zurückgreifen, die wir in Kapitel 6.2.1 (▶ Kap. 6.2.1) bereits kennengelernt haben. Die Prüfung, ob ein Zusammenhang vorliegt, erfolgt also per t-Test mit $n - 2$ Freiheitsgraden:

$$t = \frac{r \cdot \sqrt{n-2}}{\sqrt{1-r^2}}$$

Auch die Ausführungen zur Bestimmung von Konfidenzintervallen nach vorheriger Fisher Z-Transformation oder der Vergleich zweier (gleichartiger) Korrelationen kann über die in Kapitel 6.2.2 (▶ Kap. 6.2.2) dargelegten Prozeduren erfolgen (vgl. Bortz et al., 2008; Cohen & Cohen, 1983).

Für die punktbiseriale Korrelation gilt übrigens, dass man sie auch im Sinne einer Unterschiedshypothese betrachten und prüfen könnte: Es steckt darin der Unterschied zweier Stichproben (die dichotome Variable ist die Gruppierungsvariable) auf einem intervallskalierten Merkmal. Aus diesem Grunde könnte mit solchen Daten auch ein t-Test für unabhängige Stichproben erfolgen und würde zum exakt gleichen Ergebnis führen (von eventuellen Rundungsungenauigkeiten abgesehen).

6.3.2 Phi-Koeffizient (Φ)

Im Grunde ist auch der Phi-Koeffizient eine Variante der Produkt-Moment-Korrelation für den Fall, dass beide Variablen dichotom sind. Technisch wäre hier also auch eine Prüfung über den schon kennengelernten t-Test denkbar. Naheliegender aber ist in diesem Fall, die Verwandtschaft des

Phi-Koeffizienten zum 4-Felder-χ^2-Test herauszustellen und die Signifikanzprüfung auf dieser Ebene durchzuführen. Tatsächlich ist der Phi-Koeffizient direkt mit dem empirischen 4-Felder-χ^2-Wert verbunden:

$$\phi = \sqrt{\frac{\chi^2}{n}}$$

Man nennt den Phi-Koeffizienten daher auch 4-Felder-Korrelation. Bei der Ermittlung von Φ per χ^2-Wert muss man lediglich beachten, dass das Vorzeichen immer positiv ist. Das ist aber nicht weiter kritisch, da das Vorzeichen bei Φ letztlich nur von der Anordnung der beiden Variablen abhängt und die inhaltliche Bedeutung des Zusammenhangs so oder so anhand der Daten beurteilt werden muss und auch beim Bericht inhaltlich kommuniziert werden sollte.

So wie man Φ anhand des χ^2-Wertes ermitteln kann, kann man natürlich auch anhand von Φ einen Vierfelder-χ^2-Test durchführen:

$$\chi^2_{df=1} = \phi^2 \cdot n$$

Wie beim »normalen« Vierfelder-χ^2-Test hat man auch hier einen Freiheitsgrad. Hat man beispielsweise in einer Stichprobe der Größe $n = 56$ einen Zusammenhang von $\Phi = 0{,}37$ ermittelt und will prüfen, ob sich dieser signifikant von 0 unterscheidet (H_1: $\rho \neq 0$; H_0: $\rho = 0$; $\alpha = 0{,}01$), so ermittelt man $\chi^2 = 0{,}37^2 \cdot 56 = 7{,}67$. Laut Tabelle F des Anhangs ermittelt man $\chi^2_{krit} = \chi^2_{1;0{,}99} = 6{,}64$. Da der empirische χ^2-Wert den kritischen erreicht bzw. übersteigt, verwerfen wir die H_0 und schließen, dass ein signifikanter Zusammenhang besteht.

Man kann Φ auch einseitig prüfen und muss dazu wie beim 4-Felder-χ^2-Test bereits gesehen χ^2_{krit} bei $2 \cdot \alpha$ ablesen. Außerdem muss man natürlich darauf achten, dass der Zusammenhang auch inhaltlich in die postulierte Richtung weist.

6.3.3 Biseriale Rangkorrelation

Mit der biserialen Rangkorrelation kann man den Zusammenhang zwischen einer dichotomen Variablen und einer rangskalierten Variablen darstellen. Wie schon bei der punktbiserialen Korrelation kann man auch hier die Zusammenhangshypothese durch eine Unterschiedshypothese repräsentieren und prüfen. Die Prüfung erfolgt dann, indem man die beiden Gruppen daraufhin vergleicht, ob sie sich hinsichtlich der Rangfolge auf der ordinalen Variablen unterscheiden. Um diese Frage zu beantworten, haben wir in Kapitel 4.4.1 (▶ Kap. 4.4.1) bereits den *U*-Test kennengelernt.

Tatsächlich kann man die biseriale Rangkorrelation auch anhand der *U*-Werte bestimmen:

$$r_{bisR} = \frac{U - U'}{U_{max}} = \frac{U - U'}{n_1 \cdot n_2}$$

Für unser Beispiel aus Kapitel 4.4.1 mit $n_1 = 12$ und $n_2 = 14$ sowie U = 51 und U' = 117 erhält man so:

$$r_{bisR} = \frac{51 - 117}{12 \cdot 14} = -0{,}39$$

Wenn ein biserialer Rangkorrelationskoeffizient angegeben ist, U bzw. U' aber unbekannt sind, so lassen sich diese abschätzen:

$$U_{min} = \frac{1}{2} \cdot n_1 \cdot n_2 \cdot (1 - |r_{bisR}|)$$

Man erhält so automatisch eine Schätzung des kleineren der beiden Werte von U bzw. U' und kann diesen direkt für die Signifikanzprüfung heranziehen (▶ Kap. 4.4.1).

7 Literatur

Bortz, J., Lienert, G. A., & Boehnke, K. (2008). *Verteilungsfreie Methoden in der Biostatistik* (3. Aufl.). Berlin: Springer.
Bortz, J., & Schuster, C. (2010). *Statistik für Human- und Sozialwissenschaftler*. Heidelberg: Springer.
Brown, M. B., & Forsythe, A. B. (1974). Robust Tests for the Equality of Variances. *Journal of the American Statistical Association, 69*, 364–367.
Bühner, M., & Ziegler, M. (2017). *Statistik für Psychologen und Sozialwissenschaftler* (2. Aufl.). München: Pearson Verlag.
Cohen, J. (1988). Statistical power analysis for the behavioral sciences. Hillsdale, New York: Erlbaum.
Cohen, J., & Cohen, P. (1983). Applied multiple regression/correlation analysis for the behavioral sciences (2nd ed.). Erlbaum.
Dayton, C. M. (1970). *The design of educational experiments*. New York: McGraw-Hill.
DiCiccio, T. J., & Efron, B. (1996). Bootstrap confidence intervals. *Statistical science*, 189–212.
Eid, M., Gollwitzer, M., & Schmitt, M. (2015). *Statistik und Forschungsmethoden* (4. Aufl.). Weinheim: Beltz.
Fisher, R. A. (1918). The correlation between relatives on the supposition of Mendelian in heritance, *Trans. Royal Society Edinburgh*, 52, 399–433.
Fisher, R. A. (1925a). Theory of statistical estimation. *Mathematical Proceedings of the Cambridge Philosophical Society, 22* (5), 700–725.
Fisher, R. A. (1925b). *Statistical methods of research workers* (1st ed.). London: Oliver and Boyd.
Fisher, R. A. (1955). Statistical methods and scientific induction. *Journal of the Royal Statistical Society (B) 17*, 69–77.
Glass, G. V., & Stanley, J. C. (1970). *Statistical methods in education and psychology*. Englewood Cliffs, New Jersey: Prentice Hall.
Gigerenzer, G. (2004). Mindless statistics. *The Journal of Socio-Economics 33*, 587–606.
Hartley, H. O. (1950). The maximum F-ratio as a short cut test for homogeneity of variance, *Biometrika, 37*, 308–312.
Holling, H., & Gediga, G. (2016). Statistik-Testverfahren. Hogrefe: Göttingen.

7 Literatur

Lautsch, E., & Lienert, G. A. (1993). *Binärdatenanalyse*. Weinheim: Psychologie Verlag Union.

Lilliefors, H. (1967). On the Kolmogorov-Smirnov Test for Normality with Mean and Variance Unknown. *Journal of the American Statistical Association, 62*, 399–402.

Matthews, R. A. J. (1995). Tumbling toast, Murphy's Law and the fundamental constants. *European Journal of Physics. 16 (4): 172–176.* doi:10.1088/0143-0807/16/4/005.

Neyman, J., & Pearson, E. S. (1928). On the use and interpretation of certain test criteria for purposes of statistical inference. *Biometrika, 29 A*, Part I: 175–240; Part II: 263–294.

Olkin, J. (1967). Correlations revisited. In J. C. Stanley (Ed.), *Improving experimental designs and statistical analysis* (pp. 102–108). Chicago: Rand McNally.

Pearson, K. (1907). Mathematical contributions to the theory of evolution. XVI. On further methods of determining correlation. Drapers' Company Research Memoirs (Biometric Series 4).

Sedlmeier, P., & Renkewitz, F. (2018). *Forschungsmethoden und Statistik für Psychologen und Sozialwissenschaftler*. München: Pearson Studium.

Shapiro, S. S., & Wilk, M. B. (1965). An analysis of variance test for normality (for complete samples). *Biometrika, 52*, 591–611.

Stemmler, M. (2020). *Person-centered methods. Configural Frequency Analysis (CFA) and other methods for the analysis of contingency tables – Second edition*. New York: Springer Briefs in Statistics.

Student (1908). The probable error of a mean. *Biometrika, 6*, 1–25.

Anhang

Übersicht Tabellen

Tabelle A Verteilungsfunktion der Standardnormalverteilung

Tabelle B Verteilungsfunktion der t-Verteilungen

Tabelle C F-Verteilung, Flächenanteil 0,90

Tabelle C F-Verteilung, Flächenanteil 0,95

Tabelle C F-Verteilung, Flächenanteil 0,99

Tabelle D Kritische Werte für U für den Mann-Whitney-Test: Einseitige Testung für $\alpha = 0{,}01$ und zweiseitige Testung für $\alpha = 0{,}02$

Tabelle D Kritische Werte für U für den Mann-Whitney-Test: Einseitige Testung für $\alpha = 0{,}025$ und zweiseitige Testung für $\alpha = 0{,}05$

Tabelle D Kritische Werte für U für den Mann-Whitney-Test: Einseitige Testung für $\alpha = 0{,}01$ und zweiseitige Testung für $\alpha = 0{,}02$

Anhang

Tabelle D Kritische Werte für U für den Mann-Whitney-Test: Einseitige Testung für $\alpha = 0{,}005$ und zweiseitige Testung für $\alpha = 0{,}01$

Tabelle E Kritische Werte für den Wilcoxon-Test

Tabelle F χ^2-Verteilung

Tabelle G Fisher Z-Transformation

Tabelle H Lilliefors-Schranken

Übersicht Tabellen

Tabelle A – Verteilungsfunktion der Standardnormalverteilung

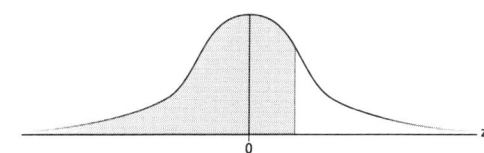

z-Wert	0,00	0,01	0,02	0,03	0,04	0,05	0,06	0,07	0,08	0,09
0,0	0,5000	0,5040	0,5080	0,5120	0,5160	0,5199	0,5239	0,5279	0,5319	0,5359
0,1	0,5398	0,5438	0,5478	0,5517	0,5557	0,5596	0,5636	0,5675	0,5714	0,5753
0,2	0,5793	0,5832	0,5871	0,5910	0,5948	0,5987	0,6026	0,6064	0,6103	0,6141
0,3	0,6179	0,6217	0,6255	0,6293	0,6331	0,6368	0,6406	0,6443	0,6480	0,6517
0,4	0,6554	0,6591	0,6628	0,6664	0,6700	0,6736	0,6772	0,6808	0,6844	0,6879
0,5	0,6915	0,6950	0,6985	0,7019	0,7054	0,7088	0,7123	0,7157	0,7190	0,7224
0,6	0,7257	0,7291	0,7324	0,7357	0,7389	0,7422	0,7454	0,7486	0,7517	0,7549
0,7	0,7580	0,7611	0,7642	0,7673	0,7704	0,7734	0,7764	0,7794	0,7823	0,7852
0,8	0,7881	0,7910	0,7939	0,7967	0,7995	0,8023	0,8051	0,8078	0,8106	0,8133
0,9	0,8159	0,8186	0,8212	0,8238	0,8264	0,8289	0,8315	0,8340	0,8365	0,8389
1,0	0,8413	0,8438	0,8461	0,8485	0,8508	0,8531	0,8554	0,8577	0,8599	0,8621
1,1	0,8643	0,8665	0,8686	0,8708	0,8729	0,8749	0,8770	0,8790	0,8810	0,8830
1,2	0,8849	0,8869	0,8888	0,8907	0,8925	0,8944	0,8962	0,8980	0,8997	0,9015
1,3	0,9032	0,9049	0,9066	0,9082	0,9099	0,9115	0,9131	0,9147	0,9162	0,9177
1,4	0,9192	0,9207	0,9222	0,9236	0,9251	0,9265	0,9279	0,9292	0,9306	0,9319
1,5	0,9332	0,9345	0,9357	0,9370	0,9382	0,9394	0,9406	0,9418	0,9429	0,9441
1,6	0,9452	0,9463	0,9474	0,9484	0,9495	0,9505	0,9515	0,9525	0,9535	0,9545
1,7	0,9554	0,9564	0,9573	0,9582	0,9591	0,9599	0,9608	0,9616	0,9625	0,9633
1,8	0,9641	0,9649	0,9656	0,9664	0,9671	0,9678	0,9686	0,9693	0,9699	0,9706
1,9	0,9713	0,9719	0,9726	0,9732	0,9738	0,9744	0,9750	0,9756	0,9761	0,9767
2,0	0,9772	0,9778	0,9783	0,9788	0,9793	0,9798	0,9803	0,9808	0,9812	0,9817
2,1	0,9821	0,9826	0,9830	0,9834	0,9838	0,9842	0,9846	0,9850	0,9854	0,9857
2,2	0,9861	0,9864	0,9868	0,9871	0,9875	0,9878	0,9881	0,9884	0,9887	0,9890
2,3	0,9893	0,9896	0,9898	0,9901	0,9904	0,9906	0,9909	0,9911	0,9913	0,9916
2,4	0,9918	0,9920	0,9922	0,9925	0,9927	0,9929	0,9931	0,9932	0,9934	0,9936
2,5	0,9938	0,9940	0,9941	0,9943	0,9945	0,9946	0,9948	0,9949	0,9951	0,9952
2,6	0,9953	0,9955	0,9956	0,9957	0,9959	0,9960	0,9961	0,9962	0,9963	0,9964
2,7	0,9965	0,9966	0,9967	0,9968	0,9969	0,9970	0,9971	0,9972	0,9973	0,9974
2,8	0,9974	0,9975	0,9976	0,9977	0,9977	0,9978	0,9979	0,9979	0,9980	0,9981
2,9	0,9981	0,9982	0,9982	0,9983	0,9984	0,9984	0,9985	0,9985	0,9986	0,9986
3,0	0,9987	0,9987	0,9987	0,9988	0,9988	0,9989	0,9989	0,9989	0,9990	0,9990

Tabelle B – Verteilungsfunktion der t-Verteilungen

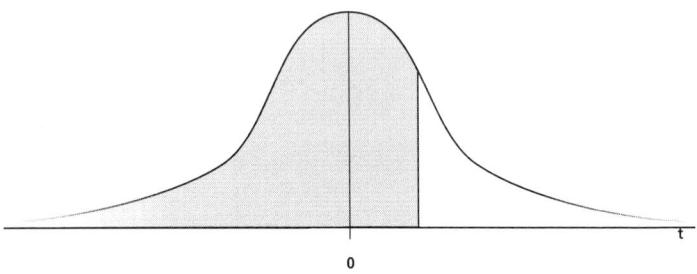

df	0,750	0,800	0,900	0,950	0,975	0,990	0,995	0,999
1	1,000	1,376	3,078	6,314	12,706	31,821	63,657	318,309
2	0,816	1,061	1,886	2,920	4,303	6,965	9,925	22,327
3	0,765	0,978	1,638	2,353	3,182	4,541	5,841	10,215
4	0,741	0,941	1,533	2,132	2,776	3,747	4,604	7,173
5	0,727	0,920	1,476	2,015	2,571	3,365	4,032	5,893
6	0,718	0,906	1,440	1,943	2,447	3,143	3,707	5,208
7	0,711	0,896	1,415	1,895	2,365	2,998	3,499	4,785
8	0,706	0,889	1,397	1,860	2,306	2,896	3,355	4,501
9	0,703	0,883	1,383	1,833	2,262	2,821	3,250	4,297
10	0,700	0,879	1,372	1,812	2,228	2,764	3,169	4,144
11	0,697	0,876	1,363	1,796	2,201	2,718	3,106	4,025
12	0,695	0,873	1,356	1,782	2,179	2,681	3,055	3,930
13	0,694	0,870	1,350	1,771	2,160	2,650	3,012	3,852
14	0,692	0,868	1,345	1,761	2,145	2,624	2,977	3,787
15	0,691	0,866	1,341	1,753	2,131	2,602	2,947	3,733
16	0,690	0,865	1,337	1,746	2,120	2,583	2,921	3,686
17	0,689	0,863	1,333	1,740	2,110	2,567	2,898	3,646
18	0,688	0,862	1,330	1,734	2,101	2,552	2,878	3,610
19	0,688	0,861	1,328	1,729	2,093	2,539	2,861	3,579
20	0,687	0,860	1,325	1,725	2,086	2,528	2,845	3,552

Verteilungsfunktion der t-Verteilungen Fortsetzung

df	Flächenanteil							
	0,750	0,800	0,900	0,950	0,975	0,990	0,995	0,999
21	0,686	0,859	1,323	1,721	2,080	2,518	2,831	3,527
22	0,686	0,858	1,321	1,717	2,074	2,508	2,819	3,505
23	0,685	0,858	1,319	1,714	2,069	2,500	2,807	3,485
24	0,685	0,857	1,318	1,711	2,064	2,492	2,797	3,467
25	0,684	0,856	1,316	1,708	2,060	2,485	2,787	3,450
26	0,684	0,856	1,315	1,706	2,056	2,479	2,779	3,435
27	0,684	0,855	1,314	1,703	2,052	2,473	2,771	3,421
28	0,683	0,855	1,313	1,701	2,048	2,467	2,763	3,408
29	0,683	0,854	1,311	1,699	2,045	2,462	2,756	3,396
30	0,683	0,854	1,310	1,697	2,042	2,457	2,750	3,385
31	0,682	0,853	1,309	1,696	2,040	2,453	2,744	3,375
32	0,682	0,853	1,309	1,694	2,037	2,449	2,738	3,365
33	0,682	0,853	1,308	1,692	2,035	2,445	2,733	3,356
34	0,682	0,852	1,307	1,691	2,032	2,441	2,728	3,348
35	0,682	0,852	1,306	1,690	2,030	2,438	2,724	3,340
36	0,681	0,852	1,306	1,688	2,028	2,434	2,719	3,333
37	0,681	0,851	1,305	1,687	2,026	2,431	2,715	3,326
38	0,681	0,851	1,304	1,686	2,024	2,429	2,712	3,319
39	0,681	0,851	1,304	1,685	2,023	2,426	2,708	3,313
40	0,681	0,851	1,303	1,684	2,021	2,423	2,704	3,307
50	0,679	0,849	1,299	1,676	2,009	2,403	2,678	3,261
60	0,679	0,848	1,296	1,671	2,000	2,390	2,660	3,232
70	0,678	0,847	1,294	1,667	1,994	2,381	2,648	3,211
80	0,678	0,846	1,292	1,664	1,990	2,374	2,639	3,195
100	0,677	0,845	1,290	1,660	1,984	2,364	2,626	3,174
120	0,677	0,845	1,289	1,658	1,980	2,358	2,617	3,160
150	0,676	0,844	1,287	1,655	1,976	2,351	2,609	3,145
200	0,676	0,843	1,286	1,653	1,972	2,345	2,601	3,131

Tabelle C – F-Verteilung, Flächenanteil 0,90

0,90	Zähler-df									
Nenner-df	1	2	3	4	5	6	7	8	9	10
1	39,86	49,50	53,59	55,83	57,24	58,20	58,91	59,44	59,86	60,19
2	8,53	9,00	9,16	9,24	9,29	9,33	9,35	9,37	9,38	9,39
3	5,54	5,46	5,39	5,34	5,31	5,28	5,27	5,25	5,24	5,23
4	4,54	4,32	4,19	4,11	4,05	4,01	3,98	3,95	3,94	3,92
5	4,06	3,78	3,62	3,52	3,45	3,40	3,37	3,34	3,32	3,30
6	3,78	3,46	3,29	3,18	3,11	3,05	3,01	2,98	2,96	2,94
7	3,59	3,26	3,07	2,96	2,88	2,83	2,78	2,75	2,72	2,70
8	3,46	3,11	2,92	2,81	2,73	2,67	2,62	2,59	2,56	2,54
9	3,36	3,01	2,81	2,69	2,61	2,55	2,51	2,47	2,44	2,42
10	3,29	2,92	2,73	2,61	2,52	2,46	2,41	2,38	2,35	2,32
11	3,23	2,86	2,66	2,54	2,45	2,39	2,34	2,30	2,27	2,25
12	3,18	2,81	2,61	2,48	2,39	2,33	2,28	2,24	2,21	2,19
13	3,14	2,76	2,56	2,43	2,35	2,28	2,23	2,20	2,16	2,14
14	3,10	2,73	2,52	2,39	2,31	2,24	2,19	2,15	2,12	2,10
15	3,07	2,70	2,49	2,36	2,27	2,21	2,16	2,12	2,09	2,06
16	3,05	2,67	2,46	2,33	2,24	2,18	2,13	2,09	2,06	2,03
17	3,03	2,64	2,44	2,31	2,22	2,15	2,10	2,06	2,03	2,00
18	3,01	2,62	2,42	2,29	2,20	2,13	2,08	2,04	2,00	1,98
19	2,99	2,61	2,40	2,27	2,18	2,11	2,06	2,02	1,98	1,96
20	2,97	2,59	2,38	2,25	2,16	2,09	2,04	2,00	1,96	1,94
22	2,95	2,56	2,35	2,22	2,13	2,06	2,01	1,97	1,93	1,90
24	2,93	2,54	2,33	2,19	2,10	2,04	1,98	1,94	1,91	1,88
26	2,91	2,52	2,31	2,17	2,08	2,01	1,96	1,92	1,88	1,86
28	2,89	2,50	2,29	2,16	2,06	2,00	1,94	1,90	1,87	1,84
30	2,88	2,49	2,28	2,14	2,05	1,98	1,93	1,88	1,85	1,82
40	2,84	2,44	2,23	2,09	2,00	1,93	1,87	1,83	1,79	1,76
60	2,79	2,39	2,18	2,04	1,95	1,87	1,82	1,77	1,74	1,71
120	2,75	2,35	2,13	1,99	1,90	1,82	1,77	1,72	1,68	1,65
200	2,73	2,33	2,11	1,97	1,88	1,80	1,75	1,70	1,66	1,63
∞	2,71	2,30	2,08	1,94	1,85	1,77	1,72	1,67	1,63	1,60

Tabelle C – F-Verteilung, Flächenanteil 0,90 Fortsetzung

0,90 Nenner-df	Zähler-df 11	12	15	20	25	30	50	100	200	500	∞
1	60,47	60,71	61,22	61,74	62,05	62,26	62,69	63,01	63,17	63,26	63,33
2	9,40	9,41	9,42	9,44	9,45	9,46	9,47	9,48	9,49	9,49	9,49
3	5,22	5,22	5,20	5,18	5,17	5,17	5,15	5,14	5,14	5,14	5,13
4	3,91	3,90	3,87	3,84	3,83	3,82	3,80	3,78	3,77	3,76	3,76
5	3,28	3,27	3,24	3,21	3,19	3,17	3,15	3,13	3,12	3,11	3,10
6	2,92	2,90	2,87	2,84	2,81	2,80	2,77	2,75	2,73	2,73	2,72
7	2,68	2,67	2,63	2,59	2,57	2,56	2,52	2,50	2,48	2,48	2,47
8	2,52	2,50	2,46	2,42	2,40	2,38	2,35	2,32	2,31	2,30	2,29
9	2,40	2,38	2,34	2,30	2,27	2,25	2,22	2,19	2,17	2,17	2,16
10	2,30	2,28	2,24	2,20	2,17	2,16	2,12	2,09	2,07	2,06	2,06
11	2,23	2,21	2,17	2,12	2,10	2,08	2,04	2,01	1,99	1,98	1,97
12	2,17	2,15	2,10	2,06	2,03	2,01	1,97	1,94	1,92	1,91	1,90
13	2,12	2,10	2,05	2,01	1,98	1,96	1,92	1,88	1,86	1,85	1,85
14	2,07	2,05	2,01	1,96	1,93	1,91	1,87	1,83	1,82	1,80	1,80
15	2,04	2,02	1,97	1,92	1,89	1,87	1,83	1,79	1,77	1,76	1,76
16	2,01	1,99	1,94	1,89	1,86	1,84	1,79	1,76	1,74	1,73	1,72
17	1,98	1,96	1,91	1,86	1,83	1,81	1,76	1,73	1,71	1,69	1,69
18	1,95	1,93	1,89	1,84	1,80	1,78	1,74	1,70	1,68	1,67	1,66
19	1,93	1,91	1,86	1,81	1,78	1,76	1,71	1,67	1,65	1,64	1,63
20	1,91	1,89	1,84	1,79	1,76	1,74	1,69	1,65	1,63	1,62	1,61
22	1,88	1,86	1,81	1,76	1,73	1,70	1,65	1,61	1,59	1,58	1,57
24	1,85	1,83	1,78	1,73	1,70	1,67	1,62	1,58	1,56	1,54	1,53
26	1,83	1,81	1,76	1,71	1,67	1,65	1,59	1,55	1,53	1,51	1,50
28	1,81	1,79	1,74	1,69	1,65	1,63	1,57	1,53	1,50	1,49	1,48
30	1,79	1,77	1,72	1,67	1,63	1,61	1,55	1,51	1,48	1,47	1,46
40	1,74	1,71	1,66	1,61	1,57	1,54	1,48	1,43	1,41	1,39	1,38
60	1,68	1,66	1,60	1,54	1,50	1,48	1,41	1,36	1,33	1,31	1,29
120	1,63	1,60	1,55	1,48	1,44	1,41	1,34	1,28	1,24	1,21	1,19
200	1,60	1,58	1,52	1,46	1,41	1,38	1,31	1,24	1,20	1,17	1,14
∞	1,57	1,55	1,49	1,42	1,38	1,34	1,26	1,18	1,13	1,08	1,00

Tabelle C – F-Verteilung, Flächenanteil 0,95

0,95	Zähler-df									
Nenner-df	1	2	3	4	5	6	7	8	9	10
1	161,45	199,50	215,71	224,58	230,16	233,99	236,77	238,88	240,54	241,88
2	18,51	19,00	19,16	19,25	19,30	19,33	19,35	19,37	19,38	19,40
3	10,13	9,55	9,28	9,12	9,01	8,94	8,89	8,85	8,81	8,79
4	7,71	6,94	6,59	6,39	6,26	6,16	6,09	6,04	6,00	5,96
5	6,61	5,79	5,41	5,19	5,05	4,95	4,88	4,82	4,77	4,74
6	5,99	5,14	4,76	4,53	4,39	4,28	4,21	4,15	4,10	4,06
7	5,59	4,74	4,35	4,12	3,97	3,87	3,79	3,73	3,68	3,64
8	5,32	4,46	4,07	3,84	3,69	3,58	3,50	3,44	3,39	3,35
9	5,12	4,26	3,86	3,63	3,48	3,37	3,29	3,23	3,18	3,14
10	4,96	4,10	3,71	3,48	3,33	3,22	3,14	3,07	3,02	2,98
11	4,84	3,98	3,59	3,36	3,20	3,09	3,01	2,95	2,90	2,85
12	4,75	3,89	3,49	3,26	3,11	3,00	2,91	2,85	2,80	2,75
13	4,67	3,81	3,41	3,18	3,03	2,92	2,83	2,77	2,71	2,67
14	4,60	3,74	3,34	3,11	2,96	2,85	2,76	2,70	2,65	2,60
15	4,54	3,68	3,29	3,06	2,90	2,79	2,71	2,64	2,59	2,54
16	4,49	3,63	3,24	3,01	2,85	2,74	2,66	2,59	2,54	2,49
17	4,45	3,59	3,20	2,96	2,81	2,70	2,61	2,55	2,49	2,45
18	4,41	3,55	3,16	2,93	2,77	2,66	2,58	2,51	2,46	2,41
19	4,38	3,52	3,13	2,90	2,74	2,63	2,54	2,48	2,42	2,38
20	4,35	3,49	3,10	2,87	2,71	2,60	2,51	2,45	2,39	2,35
22	4,30	3,44	3,05	2,82	2,66	2,55	2,46	2,40	2,34	2,30
24	4,26	3,40	3,01	2,78	2,62	2,51	2,42	2,36	2,30	2,25
26	4,23	3,37	2,98	2,74	2,59	2,47	2,39	2,32	2,27	2,22
28	4,20	3,34	2,95	2,71	2,56	2,45	2,36	2,29	2,24	2,19
30	4,17	3,32	2,92	2,69	2,53	2,42	2,33	2,27	2,21	2,16
40	4,08	3,23	2,84	2,61	2,45	2,34	2,25	2,18	2,12	2,08
60	4,00	3,15	2,76	2,53	2,37	2,25	2,17	2,10	2,04	1,99
120	3,92	3,07	2,68	2,45	2,29	2,18	2,09	2,02	1,96	1,91
200	3,89	3,04	2,65	2,42	2,26	2,14	2,06	1,98	1,93	1,88
∞	3,84	3,00	2,60	2,37	2,21	2,10	2,01	1,94	1,88	1,83

Tabelle C – F-Verteilung, Flächenanteil 0,95 Fortsetzung

0,95 Nenner-df	Zähler-df 11	12	15	20	25	30	50	100	200	500	∞
1	242,98	243,91	245,95	248,01	249,26	250,10	251,77	253,04	253,68	254,06	254,31
2	19,40	19,41	19,43	19,45	19,46	19,46	19,48	19,49	19,49	19,49	19,50
3	8,76	8,74	8,70	8,66	8,63	8,62	8,58	8,55	8,54	8,53	8,53
4	5,94	5,91	5,86	5,80	5,77	5,75	5,70	5,66	5,65	5,64	5,63
5	4,70	4,68	4,62	4,56	4,52	4,50	4,44	4,41	4,39	4,37	4,36
6	4,03	4,00	3,94	3,87	3,83	3,81	3,75	3,71	3,69	3,68	3,67
7	3,60	3,57	3,51	3,44	3,40	3,38	3,32	3,27	3,25	3,24	3,23
8	3,31	3,28	3,22	3,15	3,11	3,08	3,02	2,97	2,95	2,94	2,93
9	3,10	3,07	3,01	2,94	2,89	2,86	2,80	2,76	2,73	2,72	2,71
10	2,94	2,91	2,85	2,77	2,73	2,70	2,64	2,59	2,56	2,55	2,54
11	2,82	2,79	2,72	2,65	2,60	2,57	2,51	2,46	2,43	2,42	2,40
12	2,72	2,69	2,62	2,54	2,50	2,47	2,40	2,35	2,32	2,31	2,30
13	2,63	2,60	2,53	2,46	2,41	2,38	2,31	2,26	2,23	2,22	2,21
14	2,57	2,53	2,46	2,39	2,34	2,31	2,24	2,19	2,16	2,14	2,13
15	2,51	2,48	2,40	2,33	2,28	2,25	2,18	2,12	2,10	2,08	2,07
16	2,46	2,42	2,35	2,28	2,23	2,19	2,12	2,07	2,04	2,02	2,01
17	2,41	2,38	2,31	2,23	2,18	2,15	2,08	2,02	1,99	1,97	1,96
18	2,37	2,34	2,27	2,19	2,14	2,11	2,04	1,98	1,95	1,93	1,92
19	2,34	2,31	2,23	2,16	2,11	2,07	2,00	1,94	1,91	1,89	1,88
20	2,31	2,28	2,20	2,12	2,07	2,04	1,97	1,91	1,88	1,86	1,84
22	2,26	2,23	2,15	2,07	2,02	1,98	1,91	1,85	1,82	1,80	1,78
24	2,22	2,18	2,11	2,03	1,97	1,94	1,86	1,80	1,77	1,75	1,73
26	2,18	2,15	2,07	1,99	1,94	1,90	1,82	1,76	1,73	1,71	1,69
28	2,15	2,12	2,04	1,96	1,91	1,87	1,79	1,73	1,69	1,67	1,65
30	2,13	2,09	2,01	1,93	1,88	1,84	1,76	1,70	1,66	1,64	1,62
40	2,04	2,00	1,92	1,84	1,78	1,74	1,66	1,59	1,55	1,53	1,51
60	1,95	1,92	1,84	1,75	1,69	1,65	1,56	1,48	1,44	1,41	1,39
120	1,87	1,83	1,75	1,66	1,60	1,55	1,46	1,37	1,32	1,28	1,25
200	1,84	1,80	1,72	1,62	1,56	1,52	1,41	1,32	1,26	1,22	1,19
∞	1,79	1,75	1,67	1,57	1,52	1,46	1,35	1,24	1,17	1,11	1,00

Tabelle C – F-Verteilung, Flächenanteil 0,99

0,99 Nenner-df	Zähler-df 1	2	3	4	5	6	7	8	9	10
1	4052,18	4999,50	5403,35	5624,58	5763,65	5858,99	5928,36	5981,07	6022,47	6055,85
2	98,50	99,00	99,17	99,25	99,30	99,33	99,36	99,37	99,39	99,40
3	34,12	30,82	29,46	28,71	28,24	27,91	27,67	27,49	27,35	27,23
4	21,20	18,00	16,69	15,98	15,52	15,21	14,98	14,80	14,66	14,55
5	16,26	13,27	12,06	11,39	10,97	10,67	10,46	10,29	10,16	10,05
6	13,75	10,92	9,78	9,15	8,75	8,47	8,26	8,10	7,98	7,87
7	12,25	9,55	8,45	7,85	7,46	7,19	6,99	6,84	6,72	6,62
8	11,26	8,65	7,59	7,01	6,63	6,37	6,18	6,03	5,91	5,81
9	10,56	8,02	6,99	6,42	6,06	5,80	5,61	5,47	5,35	5,26
10	10,04	7,56	6,55	5,99	5,64	5,39	5,20	5,06	4,94	4,85
11	9,65	7,21	6,22	5,67	5,32	5,07	4,89	4,74	4,63	4,54
12	9,33	6,93	5,95	5,41	5,06	4,82	4,64	4,50	4,39	4,30
13	9,07	6,70	5,74	5,21	4,86	4,62	4,44	4,30	4,19	4,10
14	8,86	6,51	5,56	5,04	4,69	4,46	4,28	4,14	4,03	3,94
15	8,68	6,36	5,42	4,89	4,56	4,32	4,14	4,00	3,89	3,80
16	8,53	6,23	5,29	4,77	4,44	4,20	4,03	3,89	3,78	3,69
17	8,40	6,11	5,18	4,67	4,34	4,10	3,93	3,79	3,68	3,59
18	8,29	6,01	5,09	4,58	4,25	4,01	3,84	3,71	3,60	3,51
19	8,18	5,93	5,01	4,50	4,17	3,94	3,77	3,63	3,52	3,43
20	8,10	5,85	4,94	4,43	4,10	3,87	3,70	3,56	3,46	3,37
22	7,95	5,72	4,82	4,31	3,99	3,76	3,59	3,45	3,35	3,26
24	7,82	5,61	4,72	4,22	3,90	3,67	3,50	3,36	3,26	3,17
26	7,72	5,53	4,64	4,14	3,82	3,59	3,42	3,29	3,18	3,09
28	7,64	5,45	4,57	4,07	3,75	3,53	3,36	3,23	3,12	3,03
30	7,56	5,39	4,51	4,02	3,70	3,47	3,30	3,17	3,07	2,98
40	7,31	5,18	4,31	3,83	3,51	3,29	3,12	2,99	2,89	2,80
60	7,08	4,98	4,13	3,65	3,34	3,12	2,95	2,82	2,72	2,63
120	6,85	4,79	3,95	3,48	3,17	2,96	2,79	2,66	2,56	2,47
200	6,76	4,71	3,88	3,41	3,11	2,89	2,73	2,60	2,50	2,41
∞	6,63	4,61	3,38	3,32	3,02	2,80	2,64	2,51	2,41	2,32

Tabelle C – F-Verteilung, Flächenanteil 0,99 Fortsetzung

0,99 Nenner-df	Zähler-df 11	12	15	20	25	30	50	100	200	500	∞
1	6083,32	6106,32	6157,28	6208,73	6239,83	6260,65	6302,52	6334,11	6349,97	6359,50	6365,86
2	99,41	99,42	99,43	99,45	99,46	99,47	99,48	99,49	99,49	99,50	99,50
3	27,13	27,05	26,87	26,69	26,58	26,50	26,35	26,24	26,18	26,15	26,13
4	14,45	14,37	14,20	14,02	13,91	13,84	13,69	13,58	13,52	13,49	13,46
5	9,96	9,89	9,72	9,55	9,45	9,38	9,24	9,13	9,08	9,04	9,02
6	7,79	7,72	7,56	7,40	7,30	7,23	7,09	6,99	6,93	6,90	6,88
7	6,54	6,47	6,31	6,16	6,06	5,99	5,86	5,75	5,70	5,67	5,65
8	5,73	5,67	5,52	5,36	5,26	5,20	5,07	4,96	4,91	4,88	4,86
9	5,18	5,11	4,96	4,81	4,71	4,65	4,52	4,41	4,36	4,33	4,31
10	4,77	4,71	4,56	4,41	4,31	4,25	4,12	4,01	3,96	3,93	3,91
11	4,46	4,40	4,25	4,10	4,01	3,94	3,81	3,71	3,66	3,62	3,60
12	4,22	4,16	4,01	3,86	3,76	3,70	3,57	3,47	3,41	3,38	3,36
13	4,02	3,96	3,82	3,66	3,57	3,51	3,38	3,27	3,22	3,19	3,17
14	3,86	3,80	3,66	3,51	3,41	3,35	3,22	3,11	3,06	3,03	3,00
15	3,73	3,67	3,52	3,37	3,28	3,21	3,08	2,98	2,92	2,89	2,87
16	3,62	3,55	3,41	3,26	3,16	3,10	2,97	2,86	2,81	2,78	2,75
17	3,52	3,46	3,31	3,16	3,07	3,00	2,87	2,76	2,71	2,68	2,65
18	3,43	3,37	3,23	3,08	2,98	2,92	2,78	2,68	2,62	2,59	2,57
19	3,36	3,30	3,15	3,00	2,91	2,84	2,71	2,60	2,55	2,51	2,49
20	3,29	3,23	3,09	2,94	2,84	2,78	2,64	2,54	2,48	2,44	2,42
22	3,18	3,12	2,98	2,83	2,73	2,67	2,53	2,42	2,36	2,33	2,31
24	3,09	3,03	2,89	2,74	2,64	2,58	2,44	2,33	2,27	2,24	2,21
26	3,02	2,96	2,81	2,66	2,57	2,50	2,36	2,25	2,19	2,16	2,13
28	2,96	2,90	2,75	2,60	2,51	2,44	2,30	2,19	2,13	2,09	2,06
30	2,91	2,84	2,70	2,55	2,45	2,39	2,25	2,13	2,07	2,03	2,01
40	2,73	2,66	2,52	2,37	2,27	2,20	2,06	1,94	1,87	1,83	1,80
60	2,56	2,50	2,35	2,20	2,10	2,03	1,88	1,75	1,68	1,63	1,60
120	2,40	2,34	2,19	2,03	1,93	1,86	1,70	1,56	1,48	1,42	1,38
200	2,34	2,27	2,13	1,97	1,87	1,79	1,63	1,48	1,39	1,33	1,28
∞	2,25	2,18	2,04	1,88	1,79	1,70	1,47	1,36	1,25	1,15	1,00

Tabelle D – Kritische Werte für U für den Mann-Whitney-Test

Einseitige Testung für α = 0,05 und zweiseitige Testung für α = 0,10:

n_1 \ n_2	2	3	4	5	6	7	8	9	10	11	12	13	14	15	16	17	18	19	20
1																		0	0
2				0	0	0	1	1	1	1	2	2	2	3	3	3	4	4	4
3		0	1	2	2	3	3	4	5	5	6	7	7	8	9	9	10	11	
4		0	1	2	3	4	5	6	7	8	9	10	11	12	14	15	16	17	18
5	0	1	2	4	5	6	8	9	11	12	13	15	16	18	19	20	22	23	25
6	0	2	3	5	7	8	10	12	14	16	17	19	21	23	25	26	28	30	32
7	0	2	4	6	8	11	13	15	17	19	21	24	26	28	30	33	35	37	39
8	1	3	5	8	10	13	15	18	20	23	26	28	31	33	36	39	41	44	47
9	1	3	6	9	12	15	18	21	24	27	30	33	36	39	42	45	48	51	54
10	1	4	7	11	14	17	20	24	27	31	34	37	41	44	48	51	55	58	62
11	1	5	8	12	16	19	23	27	31	34	38	42	46	50	54	57	61	65	69
12	2	5	9	13	17	21	26	30	34	38	42	47	51	55	60	64	68	72	77
13	2	6	10	15	19	24	28	33	37	42	47	51	56	61	65	70	75	80	84
14	2	7	11	16	21	26	31	36	41	46	51	56	61	66	71	77	82	87	92
15	3	7	12	18	23	28	33	39	44	50	55	61	66	72	77	83	88	94	100
16	3	8	14	19	25	30	36	42	48	54	60	65	71	77	83	89	95	101	107
17	3	9	15	20	26	33	39	45	51	57	64	70	77	83	89	96	102	109	115
18	4	9	16	22	28	35	41	48	55	61	68	75	82	88	95	102	109	116	123
19	4	10	17	23	30	37	44	51	58	65	72	80	87	94	101	109	116	123	130
20	4	11	18	25	32	39	47	54	62	69	77	84	92	100	107	115	123	130	138

Tabelle D – Kritische Werte für U für den Mann-Whitney-Test

Einseitige Testung für $\alpha = 0{,}025$ und zweiseitige Testung für $\alpha = 0{,}05$:

n_1 \ n_2	2	3	4	5	6	7	8	9	10	11	12	13	14	15	16	17	18	19	20
2							0	0	0	0	1	1	1	1	1	2	2	2	2
3				0	1	1	2	2	3	3	4	4	5	5	6	6	7	7	8
4			0	1	2	3	4	4	5	6	7	8	9	10	11	11	12	13	14
5		0	1	2	3	5	6	7	8	9	11	12	13	14	15	17	18	19	20
6		1	2	3	5	6	8	10	11	13	14	16	17	19	21	22	24	25	27
7		1	3	5	6	8	10	12	14	16	18	20	22	24	26	28	30	32	34
8	0	2	4	6	8	10	13	15	17	19	22	24	26	29	31	34	36	38	41
9	0	2	4	7	10	12	15	17	20	23	26	28	31	34	37	39	42	45	48
10	0	3	5	8	11	14	17	20	23	26	29	33	36	39	42	45	48	52	55
11	0	3	6	9	13	16	19	23	26	30	33	37	40	44	47	51	55	58	62
12	1	4	7	11	14	18	22	26	29	33	37	41	45	49	53	57	61	65	69
13	1	4	8	12	16	20	24	28	33	37	41	45	50	54	59	63	67	72	76
14	1	5	9	13	17	22	26	31	36	40	45	50	55	59	64	69	74	78	83
15	1	5	10	14	19	24	29	34	39	44	49	54	59	64	70	75	80	85	90
16	1	6	11	15	21	26	31	37	42	47	53	59	64	70	75	81	86	92	98
17	2	6	11	17	22	28	34	39	45	51	57	63	69	75	81	87	93	99	105
18	2	7	12	18	24	30	36	42	48	55	61	67	74	80	86	93	99	106	112
19	2	7	13	19	25	32	38	45	52	58	65	72	78	85	92	99	106	113	119
20	2	8	14	20	27	34	41	48	55	62	69	76	83	90	98	105	112	119	127

Tabelle D – Kritische Werte für U für den Mann-Whitney-Test

Einseitige Testung für α = 0,01 und zweiseitige Testung für α = 0,02:

n_1 \ n_2	2	3	4	5	6	7	8	9	10	11	12	13	14	15	16	17	18	19	20
2											0	0	0	0	0	0	1	1
3					0	0	1	1	1	2	2	2	3	3	4	4	4	5
4			0	1	1	2	3	3	4	5	5	6	7	7	8	9	9	10
5		0	1	2	3	4	5	6	7	8	9	10	11	12	13	14	15	16
6			1	2	3	4	6	7	8	9	11	12	13	15	16	18	19	20	22
7		0	1	3	4	6	7	9	11	12	14	16	17	19	21	23	24	26	28
8		0	2	4	6	7	9	11	13	15	17	20	22	24	26	28	30	32	34
9		1	3	5	7	9	11	14	16	18	21	23	26	28	31	33	36	38	40
10		1	3	6	8	11	13	16	19	22	24	27	30	33	36	38	41	44	47
11		1	4	7	9	12	15	18	22	25	28	31	34	37	41	44	47	50	53
12		2	5	8	11	14	17	21	24	28	31	35	38	42	46	49	53	56	60
13	0	2	5	9	12	16	20	23	27	31	35	39	43	47	51	55	59	63	67
14	0	2	6	10	13	17	22	26	30	34	38	43	47	51	56	60	65	69	73
15	0	3	7	11	15	19	24	28	33	37	42	47	51	56	61	66	70	75	80
16	0	3	7	12	16	21	26	31	36	41	46	51	56	61	66	71	76	82	87
17	0	4	8	13	18	23	28	33	38	44	49	55	60	66	71	77	82	88	93
18	0	4	9	14	19	24	30	36	41	47	53	59	65	70	76	82	88	94	100
19	1	4	9	15	20	26	32	38	44	50	56	63	69	75	82	88	94	101	107
20	1	5	10	16	22	28	34	40	47	53	60	67	73	80	87	93	100	107	114

Tabelle D – Kritische Werte für U für den Mann-Whitney-Test

Einseitige Testung für $\alpha = 0{,}005$ und zweiseitige Testung für $\alpha = 0{,}01$:

n_1 \ n_2	2	3	4	5	6	7	8	9	10	11	12	13	14	15	16	17	18	19	20
1																			
2																		0	0
3								0	0	0	1	1	1	2	2	2	2	3	3
4				0	1	1	2	2	3	3	4	5	5	6	6	7	8		
5			0	1	1	2	3	4	5	6	7	7	8	9	10	11	12	13	
6				1	2	3	4	5	6	7	9	10	11	12	13	15	16	17	18
7		0	1	3	4	6	7	9	10	12	13	15	16	18	19	21	22	24	
8			1	2	4	6	7	9	11	13	15	17	18	20	22	24	26	28	30
9		0	1	3	5	7	9	11	13	16	18	20	22	24	27	29	31	33	36
10		0	2	4	6	9	11	13	16	18	21	24	26	29	31	34	37	39	42
11		0	2	5	7	10	13	16	18	21	24	27	30	33	36	39	42	45	48
12		1	3	6	9	12	15	18	21	24	27	31	34	37	41	44	47	51	54
13		1	3	7	10	13	17	20	24	27	31	34	38	42	45	49	53	57	60
14		1	4	7	11	15	18	22	26	30	34	38	42	46	50	54	58	63	67
15		2	5	8	12	16	20	24	29	33	37	42	46	51	55	60	64	69	73
16		2	5	9	13	18	22	27	31	36	41	45	50	55	60	65	70	74	79
17		2	6	10	15	19	24	29	34	39	44	49	54	60	65	70	75	81	86
18		2	6	11	16	21	26	31	37	42	47	53	58	64	70	75	81	87	92
19	0	3	7	12	17	22	28	33	39	45	51	57	63	69	74	81	87	93	99
20	0	3	8	13	18	24	30	36	42	48	54	60	67	73	79	86	92	99	105

Tabelle E – Kritische Werte für den Wilcoxon-Test

N	Irrtumswahrscheinlichkeit für einseitige Fragestellung			
	.05	.025	.01	.005
	Irrtumswahrscheinlichkeit für zweiseitige Fragestellung			
	.10	.05	.02	.01
5	0			
6	2	0		
7	3	2	0	
8	5	3	1	0
9	8	5	3	1
10	10	8	5	3
11	13	10	7	5
12	17	13	9	7
13	21	17	12	9
14	25	21	15	12
15	30	25	19	15
16	35	29	23	19
17	41	34	27	23
18	47	40	32	27
19	53	46	37	32
20	60	52	43	37
21	67	58	49	42
22	75	65	55	48
23	83	73	62	54
24	91	81	69	61
25	100	89	76	68

Tabelle F – χ^2-Verteilung

df	\multicolumn{6}{c}{Flächenanteil}					
	0,8	0,9	0,95	0,975	0,99	0,995
1	1,65	2,71	3,85	5,03	6,64	7,88
2	3,22	4,61	6,00	7,38	9,22	10,60
3	4,65	6,26	7,82	9,35	11,35	12,84
4	5,99	7,78	9,49	11,15	13,28	14,87
5	7,29	9,24	11,08	12,84	15,09	16,75
6	8,56	10,65	12,60	14,45	16,82	18,55
7	9,81	12,02	14,07	16,02	18,48	20,28
8	11,04	13,37	15,51	17,54	20,10	21,96
9	12,25	14,69	16,92	19,03	21,67	23,59
10	13,45	15,99	18,31	20,49	23,21	25,19
12	15,82	18,55	21,03	23,34	26,22	28,30
14	18,16	21,07	23,69	26,12	29,15	31,32
16	20,47	23,55	26,30	28,85	32,00	34,27
18	22,76	25,99	28,87	31,53	34,81	37,16
20	25,04	28,42	31,42	34,17	37,57	40,00
30	36,26	40,26	43,78	46,98	50,90	53,68
40	47,27	51,81	55,76	59,35	63,70	66,77
50	58,17	63,17	67,51	71,43	76,16	79,49
60	68,98	74,40	79,09	83,30	88,38	91,96
70	79,72	85,53	90,54	95,03	100,43	104,22
80	90,41	96,58	101,88	106,63	112,33	116,33
90	101,06	107,57	113,15	118,14	124,12	128,30
100	111,67	118,50	124,35	129,57	135,81	140,17

Tabelle G – Fisher Z-Transformation

r	Z	r	Z	r	Z	r	Z
0,00	0,000	0,25	0,255	0,50	0,549	0,75	0,973
0,01	0,010	0,26	0,266	0,51	0,563	0,76	0,996
0,02	0,020	0,27	0,277	0,52	0,576	0,77	1,020
0,03	0,030	0,28	0,288	0,53	0,590	0,78	1,045
0,04	0,040	0,29	0,299	0,54	0,604	0,79	1,071
0,05	0,050	0,30	0,310	0,55	0,618	0,80	1,099
0,06	0,060	0,31	0,321	0,56	0,633	0,81	1,127
0,07	0,070	0,32	0,332	0,57	0,648	0,82	1,157
0,08	0,080	0,33	0,343	0,58	0,662	0,83	1,188
0,09	0,090	0,34	0,354	0,59	0,678	0,84	1,221
0,10	0,100	0,35	0,365	0,60	0,693	0,85	1,256
0,11	0,110	0,36	0,377	0,61	0,709	0,86	1,293
0,12	0,121	0,37	0,388	0,62	0,725	0,87	1,333
0,13	0,131	0,38	0,400	0,63	0,741	0,88	1,376
0,14	0,141	0,39	0,412	0,64	0,758	0,89	1,422
0,15	0,151	0,40	0,424	0,65	0,775	0,90	1,472
0,16	0,161	0,41	0,436	0,66	0,793	0,91	1,528
0,17	0,172	0,42	0,448	0,67	0,811	0,92	1,589
0,18	0,182	0,43	0,460	0,68	0,829	0,93	1,658
0,19	0,192	0,44	0,472	0,69	0,848	0,94	1,738
0,20	0,203	0,45	0,485	0,70	0,867	0,95	1,832
0,21	0,213	0,46	0,497	0,71	0,887	0,96	1,946
0,22	0,224	0,47	0,510	0,72	0,908	0,97	2,092
0,23	0,234	0,48	0,523	0,73	0,929	0,98	2,298
0,24	0,245	0,49	0,536	0,74	0,950	0,99	2,647

Tabelle H – Lilliefors-Schranken

$1-\alpha =$	.80	.85	.90	.95	.99
N = 4	.300	.319	.352	.381	.417
5	.285	.299	.315	.337	.405
6	.265	.277	.294	.319	.364
7	.247	.258	.276	.300	.348
8	.233	.244	.261	.285	.331
9	.223	.233	.249	.271	.311
10	.215	.224	.239	.258	.294
11	.206	.217	.230	.249	.284
12	.199	.212	.223	.242	.275
13	.190	.202	.214	.234	.268
14	.183	.194	.207	.227	.261
15	.177	.187	.201	.220	.257
16	.173	.182	.195	.213	.250
17	.169	.177	.189	.206	.245
18	.166	.173	.184	.200	.239
19	.163	.169	.179	.195	.235
20	.160	.166	.174	.190	.231
25	.142	.147	.158	.173	.200
30	.131	.136	.144	.161	.187
über 30	$\dfrac{.736}{\sqrt{N}}$	$\dfrac{.768}{\sqrt{N}}$	$\dfrac{.805}{\sqrt{N}}$	$\dfrac{.886}{\sqrt{N}}$	$\dfrac{1.031}{\sqrt{N}}$

Stichwortverzeichnis

4

4-Felder-χ^2-Test 121, 124

A

α-Fehler 50, 53, 62, 64
α-Fehler bzw. Fehler 1. Art 49
α-Fehler-Niveau 53, 54, 57, 58, 72, 132
a-Fehler-Wahrscheinlichkeit 34
a-posteriori-Vergleiche 143
α- und β-Fehler-Risiko 73
Ablehnungsbereich 54
Alternativhypothese 44–48, 57–59, 62, 93
Analyse von Häufigkeitsdaten 116
arithmetischer Mittelwert 20
arithmetisches Mittel 19, 20, 31

B

β-Fehler 62, 64, 70
β-Fehler bzw. Fehler 2. Art 49
β-Fehler-Niveau 57, 72
beobachtete Häufigkeiten 117
Bestimmung des Konfidenzintervalls 169
Bias 31
biseriale Rangkorrelation 178
Bonferroni-Korrektur 147

E

Effektgröße 63, 71, 72
Effektstärke 69
Effektstärkemaß 141
Effizienz 31
ein- bzw. zweiseitige Fragestellung 60
Ein-Stichproben-t-Test 76
eindimensionaler χ^2-Test 116, 119
einfaktorielle Varianzanalyse 131
Einzelvergleiche 142
erwartete Häufigkeiten 118
erwartungstreuer Schätzer 22, 31
Eta-Quadrat 141

F

F-Test 85, 92
familywise error rate 133
Fehler 1. Art oder α-Fehler 48
Fehler 2. Art oder β-Fehler 48
Fehler-QS 138
Fisher Z-Transformation 166
Fisher Z-Werte 167
F_{max}-Test 95
Freiheitsgrade 94
Freiheitsgrade (df = degrees of freedom) 39

G

gerichtete Hypothese 46, 94
geschichtete Stichproben 24, 25
Grundgesamtheit 17–19, 24, 40
Grundgesamtheit (Population) 49

H

Höhenlage a 157
Hypothese 44
Hypothesenprüfung 44

I

Indifferenzbereich 72
Inferenzstatistik 17
Intervallschätzung 32
Irrtumswahrscheinlichkeit 44, 50–54, 56

K

k·l-χ^2-Test 125
Kolmogorov-Smirnov-Anpassungstest (KSA-Test) 98
Kolmogorov-Smirnov-Lilliefors-Test 99
Konfidenzintervall 32–35, 37–39, 41–43
Konfidenzintervall der Regressionsvorhersage 160
Konfidenzintervall des Mittelwerts 33
Konfidenzintervall des Steigungskoeffizienten 162
Konfidenzkoeffizient 35, 36, 38
Konsistenz 31
Kontrastgewichte 144, 146
Kovarianzanalyse 151, 153

Kriterien der Parameterschätzung 30
Kurtosis 102

L

Levene-Test 85, 95
lineare Regression 155, 157

M

Mann-Whitney-U-Test 84, 102
Maximum-Likelihood-Methode 32
McNemar-Test 128
Methode der kleinsten Quadrate 32
Methoden der Parameterschätzung 32
Mittelwert der Differenzen 88
Monte-Carlo-Studien 85
MQ_{Treat} 139

N

Nenner-df 94
Normalverteilung 28, 34
Normalverteilung der Mittelwerte 56
Normalverteilungskurve 28
Normalverteilungsvoraussetzung 101
Nullhypothese 45–48, 50, 54, 58, 62, 93
Nullhypothesenprüfung 49

P

Parameterschätzung 32, 33
Phi-Koeffizient 176
Population 18–20, 22, 24
Populationsmittelwert 35
Populationsparameter 19–22, 27, 31, 33, 38, 75
Produkt-Moment-Korrelation 155, 164

Prozentwerte (P) 42
punktbiseriale Korrelation 176
Punktschätzer 33
Punktschätzung 33

Q

QS$_{Fehler}$ 135
QS$_{Treat}$ 135
Quadratsummenzerlegung 150

R

Rangbindungen 107
Rangkorrelation nach Spearman 176
Residuum 157

S

Scheffé-Test 144, 148
Schiefe 102
Shapiro-Wilk-Test 101
Signifikanz 62
Signifikanzaussage 44
Signifikanzniveau 53, 56, 59, 60
Signifikanzprüfung 53, 139
spezielle Korrelationskoeffizienten 175
spezifische Hypothese 64
Standardabweichungen 20
Standardfehler 24, 25, 38, 51, 52
Standardfehler der Differenz von Mittelwerten 81, 83
Standardfehler des Mittelwerts 22, 23, 26, 41, 59
Standardfehler für geschichtete Stichproben 27
Standardnormalverteilung 35–37, 39, 59
Standardschätzfehler 159

Standardschätzfehler für Prozentwerte 42
Statistische Absicherung der Korrelation gegen Nullhypothesen 171
Steigungskoeffizient 157, 165
Steigungskoeffizienten b 157
Stichprobe 18, 24, 28
Stichprobenfehler 17
Stichprobenkennwerte 19, 27, 29
Stichprobenkennwerteverteilung 20–23, 31
Stichprobenmittelwert 33, 35, 49, 54
Stichprobenvarianz 31
Suffizienz 32

T

t-Test 76
t-Test für abhängige Stichproben 87
t-Test für unabhängige Stichproben 80
t-Verteilung 39, 40
Teststärke 62, 67–69, 71
testwise error rate 133
totale Quadratsumme (QS$_{tot}$) 135
Treatment-QS 137

U

U-Test bei großen Stichproben 106
Umgang mit Nulldifferenzen 115
ungerichtete Hypothese 46, 93
Unterschiedshypothese 45, 46, 75

V

Varianz 39
Varianzanalyse 131
Varianzanalyse mit Messwiederholungsfaktor 152
Varianzaufklärung 141

Stichwortverzeichnis

Varianzhomogenität 85, 92
verbundene Ränge 115
Vergleich von zwei Korrelationen aus abhängigen Stichproben 174
Vergleich von zwei Korrelationen aus unabhängigen Stichproben 172
Vertrauensintervall 33

W

Welch-Test 85
Wilcoxon-Test 111
Wilcoxon-Test bei großen Stichproben 114
Wunschhypothese 57, 99, 120

X

χ^2-Verfahren 116

Z

z-Test 61
z-Transformation 99
z-Wert 99
Zähler-df 94
zentrales Grenzwerttheorem 27, 39, 51, 84
Zufallsstichprobe 24
Zusammenhangshypothese 45–47
zweifaktorielle Varianzanalyse 150